C h i n e s e   L a n g u a g e

의료관광서비스 기초 중국어회화

홍은희 · 장숙분 공저

中国语

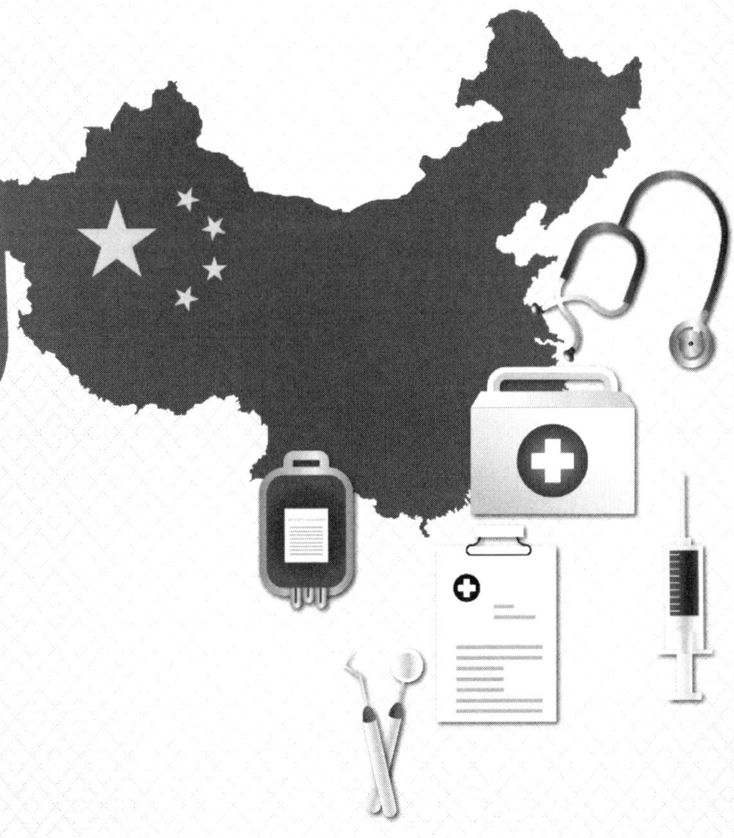

(주)백산출판사

머리말

의료와 관광이 결합한 의료관광은 의료, 문화, 사회, 관광 상품 등을 체험하는 행위 및 진료상품과 연계된 서비스까지 다양하게 포괄하고 있다. 2009년 본격적인 의료관광이 시작된 후 아시아 주요 의료관광 국가로 부상한 한국을 방문하는 의료관광객이 매년 증가하면서 의료전문 지식과 함께 의사소통은 물론 외국문화를 이해할 수 있는 글로벌 수준의 소양을 갖춘 의료관광 전문 통역사 직종이 새롭게 떠오르고 있다. 고객부터 의료진의 상담 및 의료시술 전 과정에서, 의료관광객의 모든 예약일정 및 병원 업무를 지원하고, 의료관광객을 위한 의료보험과 연계할 수 있는 사후관리까지 필요한 모든 관련 서비스를 신속하게 지원하며 의료진과 의료관광객 간의 원활한 의사소통이 이루어지도록 활동한다. 또한 사전 미팅을 통해 의료관광객의 요구사항을 파악하여 병원과 의료진에게 전달하는 역할도 담당하고 있다. 의료관광 전문 통역사는 중국어라는 언어적 능력 외에도 문화적 공감대 형성 능력과 전문적 의료관광 통역 및 번역 지식을 갖추어야 한다. 현재 다양한 전문교육기관에서 의료관광 전문 의료통역사를 양성하고 있다. 이는 2013년에 '국제의료관광 코디네이터' 국가공인자격증제도의 시행과 2016년 한국보건복지인력개발원 보건산업교육본부에서 실시하는 '의료통역능력 검정시험' 자격인증제도의 도입으로 더욱 활발히 진행되고 있다.

현재 많은 전문인력을 배양하기 위해 필요한 중국어회화 교재는 많이 나와 있다. 서점에서 볼 수 있는 의료 관련 중국어회화 교재는 어려운 단어와 이해하기 어려운 내용으로 구성되어 있다. 본 『의료관광서비스 기초 중국어회화』 교재는 일반 중국어회화 교재와 같은 구성으로 이루어졌기 때문에 기초 중국어회화를 배운 학습자들이 자연스럽고 쉽게 배울 수 있도록 구성하였다.

본 교재의 구성은 총 12과로 일반 중국어회화에서 배운 내용과 의료 관련 내용을 접목해 예약부터 퇴원까지 의료통역 전문인력이 실무에 적용할 수 있는 중국어회화 교재이다. PART 1에 중국어 발음을 넣어 처음 배우는 학습자도 따라올 수 있도록 하였고, PART 2에는 의료관광객의 진료예약부터 병원에서 일상적으로 활용할 수 있는 내용으로 구성하여 쉽고 재미있게 전개하였으며, 의료 관련 업무 내용과 의료지식을 두루 갖출 수 있도록 더욱 깊이 있고 폭넓게 다루었다. 글로벌 시대에 새롭게 부상하고 있는 의료관광 전문 통역사에게 필요한 중국어회화를 학습하는 데 많은 도움이 되기 바랍니다.

홍은희 · 장숙분

일러두기

1. 구성

1) 단어는 중국어, 병음, 품사, 뜻의 순서로 정리하였다.
2) 본문 회화는 의료관광에 필요한 일상적인 일들을 소재로, 쉽고 유용한 표현들 위주로 구성했다.
3) 어법은 회화내용에서 사용된 주요 어법을 중심으로, 학습자가 이해하기 쉽도록 예문을 곁들여 설명하였다.
4) 교체 연습은 본문 회화에서 핵심적인 내용을 중심으로, 보충 단어를 넣어 회화 능력을 향상시키고 응용할 수 있도록 하였다.
5) 연습 문제는 회화내용의 주요 표현들을 다시 복습할 수 있도록 구성하였고, 기초 실력을 다지는 데 도움이 되도록 하였다.
6) 매 과 마지막 부분 의료 관련 보충 용어는 중국어회화 실력 향상에 도움을 주고자 마련하였다.
7) 마지막으로 부록에는 의료 관련 기본응대 중국어표현, 한어병음자모 배합표, 의료관광 관련 정부 공공기관 및 연락처를 실었다. 의료 관련 업무 종사자, 의료관광 전문 통역사를 준비하는 분에게 많은 도움을 줄 것이다.

2. 표기

1) 책에 실린 나라 이름과 지명은 한자 독음으로 표기하고, 인명은 중국어 발음을 한국어로 표기합니다.

中国 → 중국　北京 → 북경　王成 → 왕청

2) 한어 병음의 경우 문장의 첫음절이나, 고유명사의 첫음절은 알파벳 대문자로 표기하고, 성과 이름은 띄어 쓰고 각각의 첫음절은 대문자로 합니다.

您好! → Nín hǎo!　中国 → Zhōngguó　王成 → Wáng Chéng

3) a, e, o로 시작되는 음절이 다른 음절 뒤에 바로 연결될 때, 음절의 경계를 주기 위해 격음부호(')로 분리합니다.

Tiān'ānmén　shí'èr

3. 중국어 품사

품사	약어	품사	약어	품사	약어
명사	명	형용사	형	어기조사	조
동사	동	조동사	조동	동태조사	조
수사	수	접속사	접	구조조사	조
양사	양	접두사	접두	인칭대사	대
부사	부	접미사	접미	의문대사	대
개사	개	감탄사	감	지시대사	대
고유명사	고유				

차례

PART 1

중국어의 특징

PART 1 중국어의 특징

■ 중국이란?

- 국어(国语): 자기나라 말을 가리키는 표현으로 중화민국 성립 이후인 1912년에 확정하여 사용하였다. 대만에서는 현재도 표준어를 '국어(国语)'로 싱가포르, 말레이시아에서는 '화어(华语)'로 사용하고 있다.

- 보통화(普通话): 중국 전체 국민의 원활한 의사소통을 위해서 각 지역의 방언(方言)을 하나로 통일시키는 '보통화' 정책의 실행으로 이루어지게 된다. 1955년 '전국문자개혁회의'를 개최하여 '국어'를 '보통화'로 부르도록 제정하였다. '보통화'는 북방 방언을 기초 방언으로, 북경 발음을 표준발음으로, 현대 백화문(白话文)을 표준 어법의 규범으로 한민족(汉民族)의 공통어로 삼았다.

- 한어(汉语): 중국에서 '한어'라는 용어를 쓰는 이유는 중국어는 결국 '한족(汉族)의 언어'라는 의미를 강조한다. 중국은 한족과 55개의 소수민족으로 구성되어 있다. 전체인구의 94%에 이르는 한족은 한어를 모어(母语)로 사용하고, 나머지 6%에 해당하는 55개 소수민족 중에서 53개 소수민족이 사용하는 언어는 각기 자신들의 고유 언어를 사용한다. 예외적으로 회족(回族)과 만주족(满洲族)은 '한어(汉语)'를 사용한다.

■ 간체자(简体字)

1956년 〈한자간화방안(汉字简化方案)〉이 실행되었으며, 1964년 3월 7일 공포된 〈간화자총표(简化字总表)〉에 총 2,288자가 수록되었다. 중국어의 간화자는 핵심글자 496자와 이체자(异体字) 39자 등 모두 535자였으나 '眞[真]'자의 발견으로 중국어 학습자가 반드시 알아야 할 상용 간체자(简体字)는 총 536자가 되었다. 한국, 홍콩, 대만에서 사용하는 한자는 번체자(繁体字)이다.

• 번체자와 간체자 대조

個 → 个 낱 개	體 → 体 몸 체	與 → 与 줄 여
價 → 价 값 가	韋 → 韦 가죽 위	兒 → 儿 아이 아
適 → 适 갈 적	覺 → 觉 감각 각	鋼 → 钢 강철 강
壓 → 压 누를 압	醫 → 医 의원 의	榮 → 荣 꽃 영
畫 → 画 그림 화	會 → 会 모일 회	學 → 学 배울 학
區 → 区 구역 구	號 → 号 부를 호	國 → 国 나라 국

■ 어순과 문장구조

• 한국어: 주어(S)+목적어(O)+술어(V) 그는 책을 봅니다.
• 중국어: 주어(S)+술어(V)+목적어(O) 他看书。

주어 + 술어 + 목적어
妹妹 + 吃 + 面包
↓
부사어+관형어+주어+부사어+술어+보어+관형어+목적어
刚才 + 我的 + 妹妹 + 在家里 + 吃 + 完了 + 一个 + 面包。

■ 한어병음방안(汉语拼音方案)

중국은 1958년부터 전국인민대표회의에서 '한어병음방안'을 채택하여 사용하고 있으며, 공식 로마자 알파벳 26자 중 v를 제외한 25자와 특수모음으로 구성된 중국 음을 표기하는 방법으로 세계에서 공통적으로 사용하고 있다.

■ 중국어 발음

1. 중국어의 성모(声母)와 운모(韵母)

• 성모(声母)

쌍순음(双唇音)	b	p	m	
순치음(唇齿音)	f			
설첨음(舌尖音)	d	t	n	l
설근음(舌根音)	g	k	h	
설면음(舌面音)	j	q	x	
설치음(舌齿音)	z	c	s	
권설음(卷舌音)	zh	ch	sh	r

1) 쌍순음(双唇音) : 윗입술과 아랫입술을 맞댔다 떼면서 내는 소리

b 〔bo〕	bō(波)	bó(泊)	bǒ(跛)	bò(檗)
p 〔po〕	pō(坡)	pó(婆)	pǒ(笸)	pò(破)
m 〔mo〕	mō(摸)	mó(磨)	mǒ(抹)	mò(墨)

2) 순치음(唇齿音) : 아랫입술에 윗니를 맞댔다 떼면서 내는 소리

f 〔fo〕	fō	fó(佛)	fǒ	fò

3) 설첨음(舌尖音) : 혀끝을 윗잇몸에 맞댔다가 떼면서 내는 소리

d 〔de〕	dē(嘚)	dé(德)	dě	dè(嘚)
t 〔te〕	tē	té	tě	tè(特)
n 〔ne〕	nē	né	ně	nè(讷)
l 〔le〕	lē(肋)	lé	lě	lè(乐)

4) 설근음(舌根音) : 혀뿌리와 입천장 사이 공간에서 내는 소리

g 〔ge〕	gē(哥)	gé(格)	gě(葛)	gè(个)
k 〔ke〕	kē(科)	ké(咳)	kě(可)	kè(课)
h 〔he〕	hē(喝)	hé(和)	hě	hè(贺)

5) 설면음(舌面音) : 혀 앞면을 입천장에 가까이 대고 내는 소리

j 〔ji〕	jī(极)	jí(级)	jǐ(几)	jì(纪)
q 〔qi〕	qī(七)	qí(骑)	qǐ(起)	qì(气)
x 〔xi〕	xī(西)	xí(席)	xǐ(洗)	xì(戏)

6) 설치음(舌齿音) : 혀끝을 윗니 뒤쪽에 댔다가 떼면서 내는 소리

z 〔zi〕	zī(兹)	zí	zǐ(紫)	zì(自)
c 〔ci〕	cī(刺)	cí(词)	cǐ(此)	cì(次)
s 〔si〕	sī(丝)	sí	sǐ(死)	sì(四)

7) 권설음(卷舌音) : 혀끝을 살짝 말아 올려 입천장에 대었다 떼면서 내는 소리

zh 〔zhi〕	zhī(知)	zhí(直)	zhǐ(只)	zhì(知)
ch 〔chi〕	chī(吃)	chí(迟)	chǐ(齿)	chì(赤)
sh 〔shi〕	shī(师)	shí(十)	shǐ(史)	shì(是)
r 〔ri〕	rī	rí	rǐ	rì(日)

• 운모(韵母)

단운모 (单韵母)	a	o	e	i	u	ü			
복운모 (复韵母)	ai	ei	ao	ou					
비음운모 (鼻音韵母)	an	en	ang	eng	ong				
권설운모 (卷舌韵母)	er								
결합운모 (结合韵母)	ia	ie	iao	iou(iu)	ian	in	iang	ing	iong
	ua	uo	uai	uei(ui)	uan	uen(un)	uang	ueng	
	üe	üan	ün						

1) 단운모(单韵母) : 하나의 모음으로 구성된 운모

a	ā(阿)	á(呵)	ǎ	à
o	ō(噢)	ó(哦)	ǒ(喔)	ò(哦)
e	ē(婀)	é(额)	ě	è(饿)
i	yī(一)	yí(移)	yǐ(以)	yì(亿)
u	wū(乌)	wú(吾)	wǔ(五)	wù(物)
ü	yū(吁)	yú(鱼)	yǔ(雨)	yù(玉)

2) 복운모(复韵母) : 두 개의 모음으로 구성된 운모

ai	āi(哎)	ái(挨)	ǎi(矮)	ài(爱)
ei	ēi(欸)	éi(欸)	ěi(欸)	èi(诶)
ao	āo(爊)	áo(敖)	ǎo(媪)	ào(奥)
ou	ōu(欧)	óu	ǒu(耦)	òu(怄)

3) 비음운모(鼻音韵母) : 비음이 들어간 운모

an	ān(安)	án	ǎn(俺)	àn(按)
en	ēn(恩)	én	ěn	èn(摁)
ang	āng(肮)	áng(昂)	ǎng	àng(盎)
eng	ēng(鞥)	éng(唔)	ěng(嗯)	èng(嗯)
ong	tōng(通)	tóng(同)	tǒng(捅)	tòng(痛)

4) 권설운모(卷舌韵母) : 혀를 말아 올려 발음하는 운모

er	ēr	ér(儿)	ěr(尔)	èr(二)

5) 결합운모(结合韵母)

① 'i'와 결합하는 운모 : 'i'음은 'y'로 표기하고, 'i' 'in' 'ing' 앞에는 'y'를 붙이고, 'iou' 앞에 자음이 오면 'o'를 생략하고 'iu'로 표기한다.

ia	yā(呀)	yá(牙)	yǎ(雅)	yà(亚)
ie	yē(噎)	yé(爷)	yě(也)	yè(夜)
iao	yāo(妖)	yáo(瑶)	yǎo(杳)	yào(要)
iou (-iu)	yōu(优) liū(熘)	yóu(游) liú(留)	yǒu(有) liǔ(柳)	yòu(又) liù(六)
ian	yān(烟)	yán(沿)	yǎn(眼)	yàn(宴)
in	yīn(音)	yín(银)	yǐn(饮)	yìn(印)
iang	yāng(秧)	yáng(羊)	yǎng(养)	yàng(样)
ing	yīng(英)	yíng(赢)	yǐng(影)	yìng(硬)
iong	yōng(庸)	yóng(喁)	yǒng(泳)	yòng(用)

② 'u'와 결합하는 운모 : 'u'는 'w'로 표기하고, 'uei' 'uen' 앞에 자음이 오면 'e'를 생략하고 'ui' 'un'으로 표기한다.

ua	wā(挖)	wá(娃)	wǎ(瓦)	wà(膃)
uo	wō(窝)	wó	wǒ(我)	wò(沃)
uai	wāi(歪)	wái	wǎi(歪)	wài(外)
uei	wēi(微)	wéi(维)	wěi(尾)	wèi(位)
(-ui)	tuī(推)	tuí(颓)	tuǐ(腿)	tuì(蜕)
uan	wān(弯)	wán(完)	wǎn(晚)	wàn(万)
uen	wēn(温)	wén(文)	wěn(稳)	wèn(问)
(-un)	dūn(敦)	dún	dǔn(盹)	dùn(盾)
uang	wāng(汪)	wáng(王)	wǎng(往)	wàng(望)
ueng	wēng(翁)	wéng	wěng(蓊)	wèng(瓮)

③ 'ü'와 결합하는 운모 : 'ü'는 'yu'로 표기하고, 성모 'j' 'q' 'x'가 'ü' 앞에 올 경우 'u'로 표기한다.

üe	yuē(约)	yué	yuě(哕)	yuè(月)
üan	yuān(鸳)	yuán(元)	yuǎn(远)	yuàn(院)
ün	xūn(勋)	xún(寻)	xǔn(浚)	xùn

2. 성조(声调)

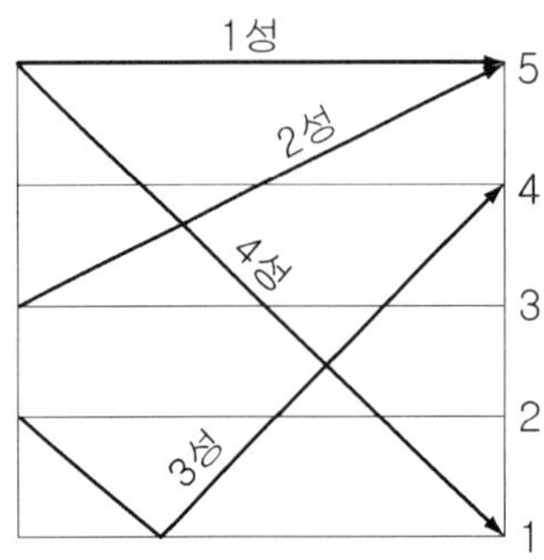

예) ā

á

ǎ

à

제1성: 5 높은 음으로 길게 유지한다.

제2성: 3에서 5 높은 음으로 단숨에 올린다.

제3성: 2에서 1로 내렸다가 다시 4 높은 음으로 올린다.

제4성: 5 높은 음에서 1 낮은 음으로 급하강한다.

• 성조의 위치

운모에 성조를 표기하며, 주로 'a' 'e' 'o' 'i' 'u' 'ü'의 순서로 표기하며, 'uei' 'uen' 'iou'의 앞에 성모가 올 때는 '-ui, -un, -iu'로 각각 표기한다.

bā méi dǒu miàn huei → huì shuen → shùn liou → liù

• 경성(轻声)

경성은 가볍고 짧게 발음하며, 제1성 · 제2성 · 제3성 · 제4성 뒤에 오는 경성은 발음하는 높이가 각각 다르며 표기는 생략한다.

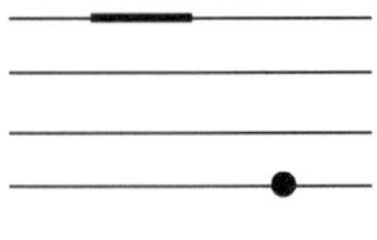

제1성 + 경성
māma(妈妈)

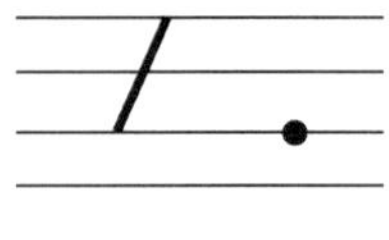

제2성 + 경성
míngzi(名字)

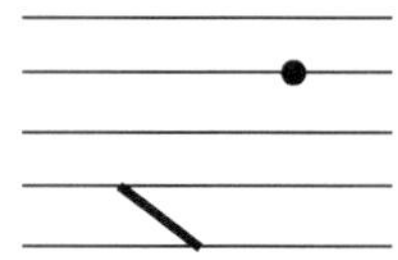

제3성 + 경성
zǎoshang(早上)

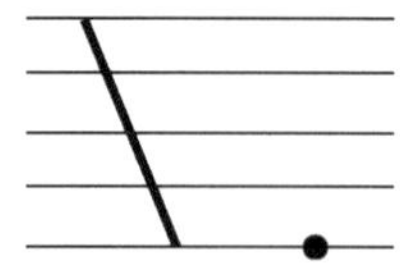

제4성 + 경성
mèimei(妹妹)

- 성조의 변화

1) 제3성의 성조 변화

제3성 음절이 연이어 나올 경우 앞의 제3성은 제2성으로 변한다. 단, 표기할 때에는 제3성 그대로 써준다.

nǐ hǎo(你好)　　hěn zǎo(很早)　　wǔ bǎi(五百)

nǐ hǎo → ní hǎo　　wǒ hěn hǎo → wó hén hǎo

2) 반3성(半三声)

제3성 뒤에 제1성 · 제2성 · 제4성이나 경성이 오면 앞의 제3성은 '반3성'으로 바뀐다. '반3성'은 제3성의 앞부분 내려가는 부분만 발음한다.

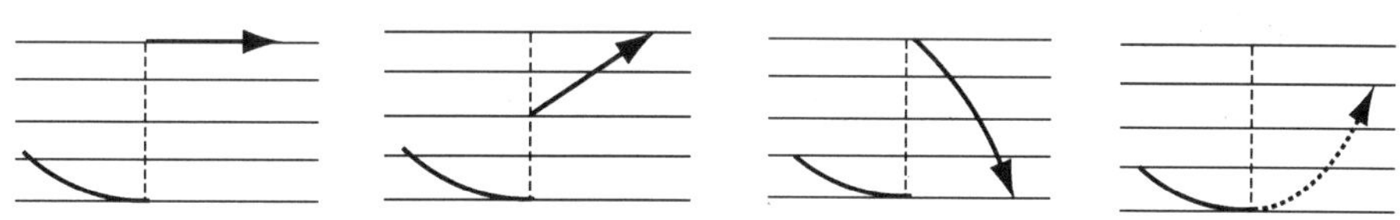

lǎoshī(老师)	nǚrén(女人)	gǎnxiè(感谢)	jiějie(姐姐)
hěn gāo(很高)	yǔyán(语言)	hěn bàng(很棒)	hǎo de(好的)

- '一'와 '不'의 성조 변화

1) '一'의 성조 변화

숫자 '一'이 단독으로 쓰일 때는 본래의 성조 제1성 'yī'로 발음하고, 'yī' 뒤에 제1, 2, 3성이 올 때는 제4성으로 발음하고, 제4성이나 경성이 올 때는 모두 제2성으로 발음한다.

yì bān(一班)　　yì nián(一年)　　yì diǎn(一点)

yí kàn(一看)　　yí ge(一个)

2) '不'의 성조 변화

'不'가 제1, 2, 3성 앞에 놓이면 본래의 제4성 'bù'로 발음한다. 제4성 앞에 놓이면 제2성 'bú'로 발음한다.

bù chī(不吃) bù máng(不忙) bù hǎo(不好) bú kàn(不看)

'一' '不'가 중첩된 단음절 단어 사이에 쓰일 때는 일반적으로 경성으로 발음한다.

xiě yi xiě(写一写) tīng yi tīng(听一听)

xiě bu xiě(写不写) tīng bu tīng(听不听)

• 아화운(儿化韵)

중국어의 운모는 권설운모 'er'과 결합해서 '儿화' 운모로 만든다. 읽는 방법은 운모 뒤에 'r'을 붙인다.

1) '儿'의 앞 음절이 'a, e, o, u'로 끝날 때는 'r'을 붙인다.

huàr gēr cuòr yúr

2) 앞 음절의 운모가 '-n'이나 '-ng'로 끝날 경우 음이 약해지면서 대신 'r'을 첨가하여 발음한다.

wánr fànguǎnr xìnr yíyàngr

3) 앞 음절의 운모가 '모음+i'로 끝나는 경우 'i'음은 없어지고 '-r'을 첨가하여 발음한다.

wèir yíhuìr xiǎoháir guǒzhīr shìr

PART 2

의료관광서비스 기초 중국어회화

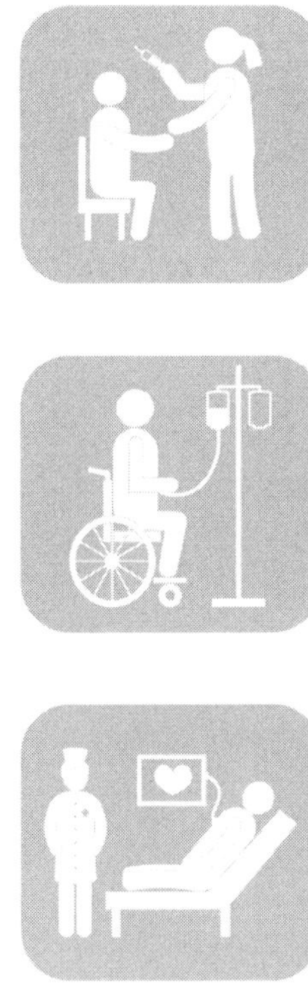

第1课

诊疗预约(진료 예약)

第1课 诊疗预约(진료 예약)

요점 내용

1. 您好! 您需要什么帮助?
   Nín hǎo! Nín xūyào shénme bāngzhù?
   안녕하세요! 무엇을 도와드릴까요?

2. 给您预约一下时间。
   Gěi nín yùyuē yíxià shíjiān.
   시간을 예약해 드릴게요.

3. 您是第一次来这所医院的吗?
   Nín shì dìyī cì lái zhè suǒ yīyuàn de ma?
   당신은 이 병원에 처음 오셨나요?

4. 明天上午十一点来吧。
   Míngtiān shàngwǔ shíyī diǎn lái ba.
   내일 오전 11시에 오세요.

단어

喂	wéi	[감] 여보세요
皮肤科	pífūkē	[명] 피부과
医院	yīyuàn	[명] 병원
需要	xūyào	[동] 필요하다
帮助	bāngzhù	[동] 돕다
最近	zuìjìn	[명] 최근, 요즈음
脸	liǎn	[명] 얼굴
痘痘	dòudòu	[명] 여드름(=青春痘)
想	xiǎng	[동] 생각하다, 바라다
咨询	zīxún	[동] 자문하다, 상의하다
一下	yíxià	[양] 시험 삼아 해보다, 좀 ~하다
预约	yùyuē	[동] 예약하다
请	qǐng	[동] 청하다, 부탁하다
时间	shíjiān	[명] 시간
星期	xīngqī	[명] 요일
上午	shàngwǔ	[명] 오전, 상오
怎么样	zěnmeyàng	[대] 어떠하다
化妆	huàzhuāng	[동] 화장하다
介绍	jièshào	[동] 소개하다

双眼皮	shuāngyǎnpí	[명] 쌍꺼풀
手术	shǒushù	[명] 수술
填	tián	[동] 기입하다, 채우다
出生	chūshēng	[동] 출생하다, 태어나다
地址	dìzhǐ	[명] 주소
电话号码	diànhuà hàomǎ	[명] 전화번호

회화 1 电话预约(전화 예약)

환자가 전화로 진료 예약하고 있다

职 员: 喂, 您好! 这里是大林皮肤科医院。您需要什么帮助?
Wéi, nín hǎo! Zhèli shì Dàlín pífūkē yīyuàn. Nín xūyào shénme bāngzhù?

患 者: 你好! 最近我脸上长了很多的痘痘, 想咨询一下。
Nǐ hǎo! Zuìjìn wǒ liǎn shang zhǎng le hěn duō de dòudòu, xiǎng zīxún yíxià.

职 员: 给您预约一下时间, 星期三上午十点怎么样?
Gěi nín yùyuē yíxià shíjiān, xīngqīsān shàngwǔ shí diǎn zěnmeyàng?

患 者: 不行。我有事。
Bù xíng. Wǒ yǒu shì.

职 员: 星期四下午两点, 行吗?
Xīngqīsì xiàwǔ liǎng diǎn, xíng ma?

患 者: 行。
Xíng.

职 员: 好的。预约好了, 来的时候请不要化妆。
Hǎo de. Yùyuē hǎo le, lái de shíhou qǐng bú yào huàzhuāng.

회화 2 诊疗预约(진료 예약)

친구 소개로 진료 예약하러 병원에 왔다

职 员: 您好! 有什么需要帮忙的吗?
Nín hǎo! Yǒu shénme xūyào bāngmáng de ma?

患 者: 你好! 我是朋友介绍来的, 想做双眼皮手术。
Nǐ hǎo! Wǒ shì péngyou jièshào lái de, xiǎng zuò shuāngyǎnpí shǒushù.

职 员: 您是第一次来这所医院的吗?
Nín shì dìyī cì lái zhè suǒ yīyuàn de ma?

患 者: 是的。
Shì de.

职 员: 请填一下姓名、出生、年、月、日、地址、电话号码。
Qǐng tián yíxià xìngmíng、chūshēng、nián、yuè、rì、dìzhǐ、diànhuà hàomǎ.

患 者: 写好了。今天能见医生吗?
Xiě hǎo le. Jīntiān néng jiàn yīshēng ma?

职 员: 今天预约都满了, 明天上午十一点来吧。
Jīntiān yùyuē dōu mǎn le, míngtiān shàngwǔ shíyī diǎn lái ba.

患 者: 好的。谢谢。明天见。
Hǎo de. Xièxie. Míngtiān jiàn.

어법

1. 숫자 읽기

零	一	二	三	四	五	六	七	八	九	十
líng	yī	èr	sān	sì	wǔ	liù	qī	ba	jiǔ	shí

二十	…	七十	…	八十	…	九十九	…	一百	…	一千
èrshí		qīshí		bāshí		jiǔshíjiǔ		yìbǎi		yìqiān

2. '연도' '월' '일' 읽기

- '연도'

  '연도'를 읽을 때는 숫자를 하나씩 읽는다.

1988年	一	九	八	八	年
	yī	jiǔ	bā	bā	nián
2018年	二	零	一	八	年
	èr	líng	yī	bā	nián

- '월' '일'

 '월'은 月(yuè), '일'은 회화체에서 号(hào), 문어체에서 日(rì)를 쓴다.

1월 1일	一	月	一	号	(日)
	yī	yuè	yī	hào	(rì)
12월 8일	十二	月	八	号	(日)
	shí'èr	yuè	bā	hào	(rì)

3. 요일 읽기

星期一	…	星期四	星期五	星期六	星期天(日)
xīngqīyī		xīngqīsì	xīngqīwǔ	xīngqīliù	xīngqītiān(rì)
월요일		목요일	금요일	토요일	일요일

4. 시간 표현

点	分	秒	刻	差
diǎn	fēn	miǎo	kè	chà
시	분	초	15분	전

07 : 05 ⇒ 七点五分 七点零五分

qī diǎn wǔ fēn qī diǎn líng wǔ fēn

03 : 15	⇒	三点十五分 sān diǎn shíwǔ fēn	三点一刻 sān diǎn yíkè
06 : 30	⇒	六点三十分 liù diǎn sānshí fēn	六点半 liù diǎn bàn
08 : 45	⇒	八点四十五分 bā diǎn sìshíwǔ fēn	八点三刻 bā diǎn sānkè
		差十五分九点 chà shíwǔ fēn jiǔ diǎn	差一刻九点 chà yíkè jiǔ diǎn
10 : 55	⇒	十点五十五分 shí diǎn wǔshíwǔ fēn	差五分十一点 chà wǔ fēn shíyī diǎn

前天	昨天	今天	明天	后天
qiántiān	zuótiān	jīntiān	míngtiān	hòutiān
그저께	어제	오늘	내일	모레
早上	上午	中午	下午	晚上
zǎoshang	shàngwǔ	zhōngwǔ	xiàwǔ	wǎnshang
아침	오전	정오	오후	저녁

교체 연습

1. 这里 是 医院。
Zhèli shì yīyuàn.

诊疗中心
zhěnliáo zhōngxīn

药房
yàofáng

2. 星期三 上午十点 怎么样?
Xīngqīsān shàngwǔ shí diǎn zěnmeyàng?

星期五
Xīngqīwǔ

星期日
Xīngqīrì

3. 我 是 朋友 介绍 来的。

Wǒ shì péngyou jièshào lái de.

亲戚

qīnqi

医生

yīshēng

보충 단어

诊疗	zhěnliáo	[동] 진료하다
中心	zhōngxīn	[명] 중심, 센터
药房	yàofáng	[명] 약국
亲戚	qīnqi	[명] 친척

연습 문제

1. 다음 발음을 읽고 중국어로 쓰세요.

zuìjìn	zīxún	yùyuē
xīngqī	shǒushù	dìzhǐ
yīyuàn	bāngzhù	pífūkē
chūshēng	shuāngyǎnpí	hàomǎ

2. 다음 (　) 안에 '一下'를 넣고 해석하세요.

1) 想咨询(　　　　)。

⇨ ________________________________.

2) 给您预约(　　　　)。

⇨ ________________________________.

3) 请填(　　　　)姓名。

⇨ ________________________________.

4) 我来介绍(　　　　)。

⇨ ________________________________.

3. 다음 질문에 알맞은 대답을 쓰세요.

1) A: 您好! B: ____________________!

2) A: 明天见! B: ____________________!

3) A: 谢谢。 B: ____________________。

4) A: 今天能见医生吗? B: ____________________。

4. 다음 문장을 중국어로 번역하세요.

1) 요즘 얼굴에 트러블이 많이 생겼습니다.

⇨ ______________________________________。

2) 수요일 오전 10시 어떠세요?

⇨ ______________________________________?

3) 오실 때 화장하지 마세요.

⇨ ______________________________________。

4) 당신은 이 병원에 처음 오셨나요?

⇨ ______________________________________?

5) 오늘 예약이 모두 찼습니다. 내일 오전 11시에 오세요.

⇨ ______________________________________。

보충 용어

①	头发	tóufa	머리카락
②	额头	étou	이마
③	眼	yǎn	눈
④	鼻子	bízi	코
⑤	耳朵	ěrduo	귀
⑥	嘴唇	zuǐchún	입술
⑦	牙龈	yáyín	잇몸
⑧	喉咙	hóulóng	목구멍
⑨	脖子	bózi	목
⑩	小舌	xiǎoshé	목젖
⑪	胳膊	gēbo	팔
⑫	胳膊肘	gēbozhǒu	팔꿈치
⑬	指甲	zhǐjiǎ	손톱
⑭	手指	shǒuzhǐ	손가락
⑮	手腕	shǒuwàn	손목
⑯	胸部	xiōngbù	흉부, 가슴
⑰	肩膀	jiānbǎng	어깨
⑱	腰	yāo	허리
⑲	大拇指	dàmǔzhǐ	엄지손가락
⑳	食指	shízhǐ	집게손가락

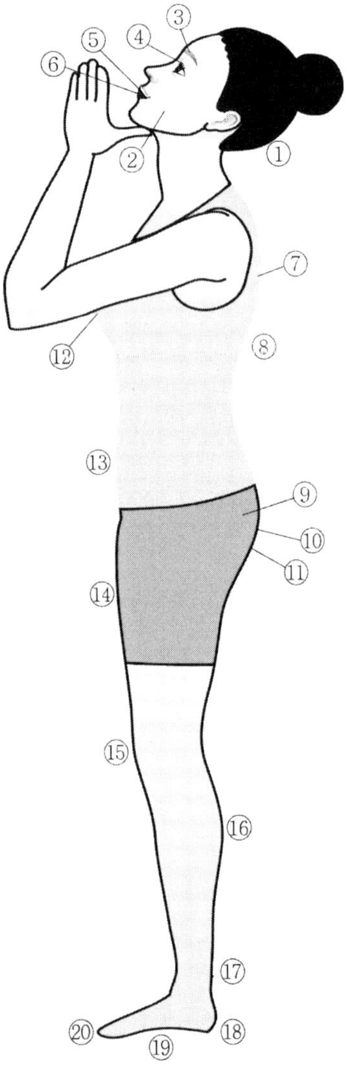

①	后脑勺	hòunǎosháo	뒤통수
②	脸蛋	liǎndàn	뺨
③	眉毛	méimao	눈썹
④	双眼皮	shuāngyǎnpí	쌍꺼풀
⑤	嘴	zuǐ	입
⑥	舌头	shétou	혀
⑦	背	bèi	등
⑧	脊椎	jǐzhuī	척추
⑨	臀部	túnbù	둔부, 엉덩이
⑩	屁股	pìgu	엉덩이
⑪	肛门	gāngmén	항문
⑫	乳房	rǔfáng	유방
⑬	腹部	fùbù	복부, 배
⑭	大腿	dàtuǐ	허벅지
⑮	膝盖	xīgài	무릎
⑯	小腿	xiǎotuǐ	종아리
⑰	脚腕子	jiǎowànzi	발목
⑱	脚跟	jiǎogēn	발꿈치
⑲	脚板	jiǎobǎn	발바닥
⑳	脚趾	jiǎozhǐ	발가락

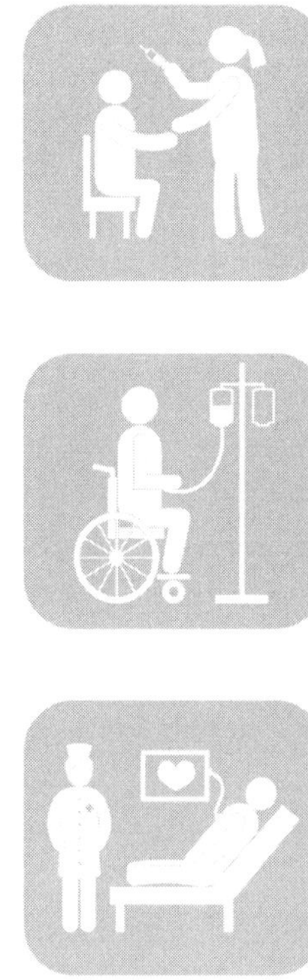

第2课

迎接客人(고객 응대)

第2课 迎接客人(고객 응대)

요점 내용

1. 欢迎欢迎，一路辛苦了。
   Huānyíng huānyíng, yílù xīnkǔ le.
   어서 오세요, 오시느라 고생하셨습니다.

2. 哪儿是健康检查中心?
   Nǎr shì jiànkāng jiǎnchá zhōngxīn?
   건강검진센터는 어디인가요?

3. 我姓金，叫何恩。认识您很高兴。
   Wǒ xìng Jīn, jiào Hé'ēn. Rènshi nín hěn gāoxìng.
   저의 성은 김이고, 하은이라고 부릅니다. 만나서 반갑습니다.

4. 我叫徐美林，是这里的咨询主任。
   Wǒ jiào Xú Měilín, shì zhèli de zīxún zhǔrèn.
   저는 서미림이고, 여기 상담주임입니다.

단어

欢迎光临	huānyíng guānglín	[동] 어서 오세요
一路	yílù	[명] 도중, 여정
辛苦了	xīnkǔ le	[동] 수고하셨습니다
累	lèi	[형] 지치다, 피곤하다
整形外科	zhěngxíng wàikē	[동] 성형외과
牙科	yákē	[명] 치과
眼科	yǎnkē	[명] 안과
哪儿	nǎr	[대] 어디
健康	jiànkāng	[명] 건강
检查	jiǎnchá	[동] 검사하다
上	shàng	[동] (높은 곳이나 탈것 등에) 오르다
前面	qiánmian	[명] 앞, 앞부분
协调员	xiétiáoyuán	[명] 코디네이터
贵姓	guì xìng	[명] 성, 성씨
叫	jiào	[동] 부르다, 외치다
认识	rènshi	[동] 알다
高兴	gāoxìng	[동] 기쁘다, 즐겁다
主任	zhǔrèn	[명] 장, 주임

为了	wèile	[개] ~을(를)하기 위하여
鼻子	bízi	[명] 코
手术	shǒushù	[명] 수술
一点	yìdiǎn	[동] 약간
歪	wāi	[형] 삐뚤다, 기울다
那边	nàbiān	[대] 그쪽, 저쪽
主治医师	zhǔzhì yīshī	[명] 주치의, 담당의사
博士	bóshì	[명] 박사

회화 1 迎接客人(손님 맞이)
외국 손님이 건강검진 하러 왔다

职　员: 您好! 欢迎光临。
Nín hǎo! Huānyíng guānglín.

客　人: 你好!
Nǐ hǎo!

协调员: 您好! 一路辛苦了。累不累?
Nín hǎo! Yílù xīnkǔ le. Lèi bu lèi?

客　人: 哪里哪里。不累。
Nǎli nǎli. Bú lèi.

协调员: 请跟我来。我来介绍一下。这儿是整形外科中心,
Qǐng gēn wǒ lái. Wǒ lái jièshào yíxià. Zhèr shì zhěngxíng wàikē zhōngxīn,

那边有皮肤科、牙科和眼科。
nàbiān yǒu pífūkē、yákē hé yǎnkē.

客　人: 哪儿是健康检查中心?
Nǎr shì jiànkāng jiǎnchá zhōngxīn?

协调员: 请上二楼, 就在前面。
Qǐng shàng èr lóu, jiù zài qiánmian.

회화 2 自我介绍(자기 소개)

환자는 코디네이터와 상담하고 있다

协调员: 您好! 您贵姓?
Nín hǎo! Nín guì xìng?

患　者: 我姓金, 叫何恩。认识您很高兴。
Wǒ xìng Jīn, jiào Hé'ēn. Rènshi nín hěn gāoxìng.

协调员: 认识您我也很高兴。我叫徐美林, 是这里的咨询主任。
Rènshi nín wǒ yě hěn gāoxìng. Wǒ jiào Xú Měilín, shì zhèli de zīxún zhǔrèn.
您是为了鼻子手术来的吗?
Nín shì wèile bízi shǒushù lái de ma?

患　者: 是的。您看, 鼻头是不是有点歪?
Shì de. Nín kàn, bítou shì bu shì yǒu diǎn wāi?

协调员: 是, 有一点歪。
Shì, yǒu yìdiǎn wāi.

患　者: 哪一位是主治医师?
Nǎ yí wèi shì zhǔzhì yīshī?

协调员: 是这一位, 他是李顺德博士。
Shì zhè yí wèi, tā shì Lǐ Shùndé bóshì.

어법

1. '一下' 용법

'동사+一下'의 형식으로 동사 뒤에 쓰여 동량보어 역할을 하며, '좀 ~해보다'라는 뜻을 나타낸다.

看一下。　　좀 보다.
kàn yíxià.

听一下。　　좀 듣다.
Tīng yíxià.

我来介绍一下。　　제가 좀 소개하겠습니다.
Wǒ lái jièshào yíxià.

2. 이름 물을 때 표현

• 성씨를 물을 때

您贵姓?　　성씨는 무엇입니까?
Nín guì xìng?

你姓什么?　　당신의 성은 무엇입니까?
Nǐ xìng shénme?

• 이름을 물을 때

你叫什么名字?　당신의 이름은 무엇입니까?
Nǐ jiào shénme míngzi?

我姓徐，叫美林。　저는 서씨이고, 미림이라고 부릅니다.
Wǒ xìng Xú, jiào Měilín.

3. '是'자문

'是'자문은 '주어 + 是 + 목적어' 형식으로 '~이다'의 뜻으로 나타낸다.

• 긍정문: 她是我妈妈。　그녀는 저희 어머니입니다.
Tā shì wǒ māma.

这儿是整形外科中心。　여기는 성형외과센터입니다.
Zhèr shì zhěngxíng wàikē zhōngxīn.

• 부정문: 他不是老师，他是学生。　그는 선생님이 아니고, 학생입니다.
Tā bú shì lǎoshī, tā shì xuésheng.

• 의문문: 你是中国人吗?　당신은 중국사람입니까?
Nǐ shì Zhōngguórén ma?

他是中国人，是不是?　그는 중국사람이죠, 그렇죠?
Tā shì Zhōngguórén, shì bu shì?

鼻头是不是有点歪?　코가 조금 삐뚤어지지 않았습니까?
Bítou shì bu shì yǒu diǎn wāi?

4. '是 … 的' 강조 용법

이미 일어난 동작에 관련된 시간, 장소, 방식, 목적 등을 강조할 때 사용한다. 목적어가 일반명사일 때 '的'의 앞뒤에 올 수 있으며, 목적어가 대명사일 경우는 반드시 '的'의 앞에 온다.

我是昨天来中国的。(시간)　나는 어제 중국에서 왔습니다.
Wǒ shì zuótiān lái Zhōngguó de.

他是从上海来的。(장소)　그는 상해에서 왔습니다.
Tā shì cóng Shànghǎi lái de.

他是坐车来的。(방식)　그는 차를 타고 왔습니다.
Tā shì zuò chē lái de.

您是为了鼻子手术来的吗? (목적)　당신은 코 수술 때문에 오셨나요?
Nín shì wèile bízi shǒushù lái de ma?

교체 연습

1. 一路辛苦了, 累不累?

Yílù xīnkŭ le, lèi bu lèi?

饿不饿

è bu è

困不困

kùn bu kùn

2. 哪儿 是 健康检查中心?

Năr shì jiànkāng jiănchá zhōngxīn?

急诊室

jízhěnshì

洗手间

xĭshŏujiān

3. 鼻头 是不是 有点 歪?

Bítou shì bu shì yŏu diăn wāi?

头 / 疼

Tóu / téng

脸 / 肿

Liăn / zhŏng

보충 단어

头疼	tóuténg	[동] 머리가 아프다
肿	zhǒng	[동] 붓다, 부어오르다
饿	è	[형] 배고프다
困	kùn	[형] 피곤하다, 졸다
急诊室	jízhěnshì	[명] 응급실
洗手间	xǐshǒujiān	[명] 화장실

연습 문제

1. 다음 발음을 읽고 중국어로 쓰세요.

guìxìng	zhǔzhì	xiétiáoyuán
gāoxìng	bízi	zhǔrèn
jiànkāng	wàikē	yákē
huānyíng	xīnkǔ le	zhěngxíng

2. 다음을 읽고 발음을 쓰세요.

1) 认识您我也很高兴。

⇨ ______________________________.

2) 请上二楼就在前面。

⇨ ______________________________.

3) 我叫徐美林，是这里的咨询主任。

⇨ ______________________________.

4) 我来介绍一下。这儿是整形外科中心。

⇨ ______________________________.

3. 다음 질문에 알맞은 대답을 쓰세요.

1) A: 您好!

B: ________________________________。

2) A: 哪儿是健康检查中心?

B: ________________________________。

3) A: 您贵姓?

B: ________________________________。

4) A: 鼻头是不是有点歪?

B: ________________________________。

4. 다음 문장을 중국어로 번역하세요.

1) 환영합니다, 오시느라 고생하셨습니다.

⇨ ________________________________。

2) 당신은 코 수술 때문에 오셨나요?

⇨ ________________________________?

3) 저쪽에는 피부과, 치과와 안과가 있습니다.

⇨ ________________________________。

4) 2층으로 올라가시면 바로 앞에 있습니다.

⇨ ________________________________。

보충 용어

内科	nèikē	내과
外科	wàikē	외과
神经外科	shénjīng wàikē	신경외과
消化科	xiāohuàkē	소화과
小儿科	xiǎo'érkē	소아과
泌尿科	mìniàokē	비뇨과
精神科	jīngshénkē	정신과
过敏科	guòmǐnkē	알레르기내과
耳鼻喉科	ěrbíhóukē	이비인후과
胸部外科	xiōngbùwàikē	흉부외과
骨科	gǔkē	정형외과
妇产科	fùchǎnkē	산부인과
心脏内科	xīnzāng nèikē	심장내과
麻醉科	mázuìkē	마취과
放射线科	fàngshèxiànkē	방사선과
呼吸内科	hūxī nèikē	호흡기내과
内分泌内科	nèifēnmì nèikē	내분비내과
家庭医学科	jiātíng yīxuékē	가정의학과

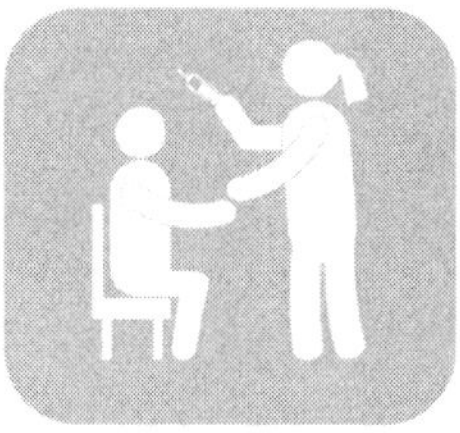

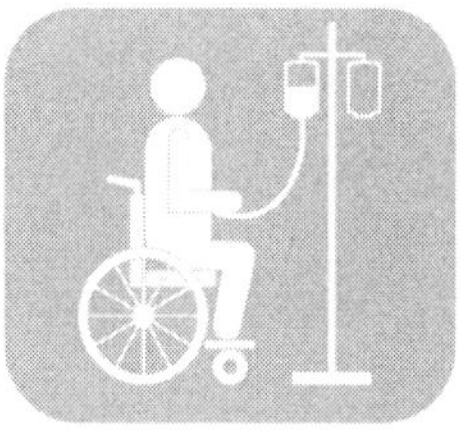

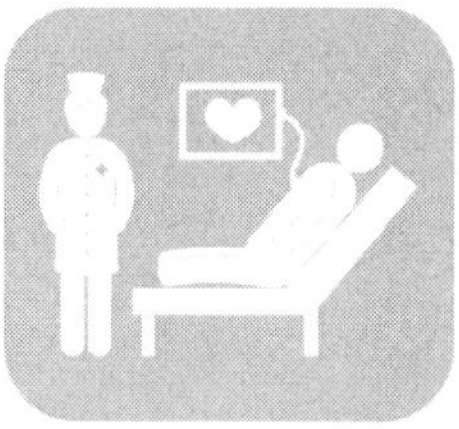

第3课

诊疗咨询(진료 상담)

第 3 课 诊疗咨询(진료 상담)

요점 내용

1. 您好。哪儿不舒服?
   Nín hǎo. Nǎr bù shūfu?
   안녕하세요. 어디가 불편하세요?

2. 您今年多大? 做什么工作?
   Nín jīnnián duō dà? Zuò shénme gōngzuò?
   당신은 올해 나이 몇인가요? 어떤 일을 하세요?

3. 我需要做哪个部位?
   Wǒ xūyào zuò nǎ ge bùwèi?
   저는 어느 부위를 해야 할까요?

4. 因工作压力大, 造成脸部皱纹的增多。
   Yīn gōngzuò yālì dà, zàochéng liǎnbù zhòuwén de zēng duō.
   많은 일 스트레스 때문에 얼굴 부위에 주름이 많이 생긴 것 같아요.

단어

舒服	shūfu	[형] 편안하다
皱纹	zhòuwén	[명] 주름(살)
今年	jīnnián	[명] 올해, 금년
销售员	xiāoshòuyuán	[명] 판매원
面对	miànduì	[동] 마주 대하나
顾客	gùkè	[명] 고객, 손님
可能	kěnéng	[부] 아마도, 아마
压力	yālì	[명] 스트레스, 압력
造成	zàochéng	[동] 초래하다
增	zēng	[동] 증가하다
怎么	zěnme	[대] 어떻게, 왜
治疗	zhìliáo	[명] 치료
肉毒素	ròudúsù	[명] 보톡스
面部	miànbù	[명] 얼굴, 안면
部位	bùwèi	[명] 부위
表情	biǎoqíng	[명] 표정
如	rú	[동] 예를 들면, 예컨대
眼角	yǎnjiǎo	[명] 눈가

额头	étóu	[명] 이마
八字	bāzì	[명] 팔자, 운명
嘴角	zuǐjiǎo	[명] 입가
分钟	fēnzhōng	[명] 분
小时	xiǎoshí	[명] 시간
触摸	chùmō	[동] 만지다, 건드리다
注射	zhùshè	[동] 주사하다
详细	xiángxì	[형] 자세하다, 상세하다

회화 1 咨询除皱手术(주름 제거수술 상담) 1
얼굴 주름 제거 상담을 하고 있다

医 生: 您好. 哪儿不舒服?
Nín hǎo. Nǎr bù shūfu?

患 者: 我的脸上有很多皱纹, 想做除皱手术。
Wǒ de liǎn shang yǒu hěn duō zhòuwén, xiǎng zuò chú zhòu shǒushù.

医 生: 您今年多大? 做什么工作?
Nín jīnnián duō dà? Zuò shénme gōngzuò?

患 者: 我33岁, 是一个销售员, 面对的顾客很多。
Wǒ sānshísān suì, shì yí ge xiāoshòuyuán, miànduì de gùkè hěn duō.

医 生: 可能是因工作压力大, 造成脸部皱纹的增多。
Kěnéng shì yīn gōngzuò yālì dà, zàochéng liǎnbù zhòuwén de zēng duō.

患 者: 那我该怎么治疗?
Nà wǒ gāi zěnme zhìliáo?

医 生: 可以用肉毒素来治疗您的皱纹。
Kěyǐ yòng ròudúsù lái zhìliáo nín de zhòuwén.

회화 2 咨询除皱手术(주름 제거수술 상담) 2

얼굴 주름 제거 부위에 대해 상담하고 있다

患 者: 请问, 做面部除皱手术难吗?
Qǐngwèn, zuò miànbù chú zhòu shǒushù nán ma?

医 生: 不难。
Bù nán.

患 者: 我需要做哪个部位?
Wǒ xūyào zuò nǎ ge bùwèi?

医 生: 脸上表情的皱纹, 如眼角、额头、鼻下八字皱纹、嘴角等等。
Liǎn shang biǎoqíng de zhòuwén, rú yǎnjiǎo、étóu、bí xià bāzì zhòu wén、zuǐjiǎo děngděng.

患 者: 手术需要很长时间吗?
Shǒushù xūyào hěn cháng shíjiān ma?

医 生: 手术需要5-10分钟。
Shǒushù xūyào wǔ dào shí fēnzhōng.
手术后3-4个小时内不要触摸注射部位,
Shǒushù hòu sān dào sì ge xiǎoshí nèi bú yào chùmō zhùshè bùwèi,
详细部分请协调员为您说明。
xiángxì bùfen qǐng xiétiáoyuán wèi nín shuōmíng.

어법

1. 조동사 '想' '该' '可以' 용법

- '想'은 '~하고 싶다'(희망, 계획)

我想去中国。 나는 중국에 가고 싶다.
Wǒ xiǎng qù Zhōngguó.

我想做除皱手术。 나는 주름 제거수술을 하고 싶다.
Wǒ xiǎng zuò chú zhòu shǒushù.

- '该'는 '당연히 ~해야만 하다'(당위)

我该走了。 나는 가야 한다.
Wǒ gāi zǒu le.

那我该怎么治疗? 그러면 저는 어떤 치료를 해야 합니까?
Nà wǒ gāi zěnme zhìliáo?

- '可以'는 '~해도 되다, ~할 수 있다'(능력, 가능성)

你可以吃饭了。 당신은 식사해도 된다.
Nǐ kěyǐ chī fàn le.

可以用肉毒素来治疗您的皱纹。 보톡스로 주름을 치료할 수 있다.
Kěyǐ yòng ròudúsù lái zhìliáo nín de zhòuwén.

2. 나이 묻기

你今年几岁? 너는 올해 몇 살이니?
Nǐ jīnnián jǐ suì?

你今年多大? 당신은 올해 몇 살입니까?
Nǐ jīnnián duō dà?

你母亲今年多大年纪? 너의 어머니는 올해 연세가 어떻게 되십니까?
Nǐ mǔqīn jīnnián duō dà niánjì?

3. '因 … 造成'의 표현

'~때문에 ~생기다(초래하다)'의 뜻으로 좋지 않은 결과를 나타낼 때 쓰인다.

因不小心造成误笔。 부주의 때문에 오자가 생겼다.
Yīn bù xiǎoxīn zàochéng wùbǐ.

因压力大, 造成脸部皱纹的增多。
Yīn yālì dà, zàochéng liǎnbù zhòuwén de zēng duō.
많은 스트레스 때문에 얼굴 부위에 주름이 많이 생겼다.

교체 연습

1. A: 您做什么工作?

Nín zuò shénme gōngzuò?

B: 我 是 医生。

Wǒ shì yīshēng.

护士

hùshi

院长

yuànzhǎng

2. 手术 需要 很长时间。

Shǒushù xūyào hěn cháng shíjiān.

治疗

Zhìliáo

恢复

Huīfù

3. 请	不要	触摸	注射部位。
Qǐng	bú yào	chùmō	zhùshè bùwèi.
		喝	冰水
		hē	bīng shuǐ
		碰	热水
		pèng	rè shuǐ

보충 단어

护士	hùshi	[명] 간호사
院长	yuànzhǎng	[명] 원장
恢复	huīfù	[동] 회복하다
冰水	bīng shuǐ	[명] 얼음물
碰	pèng	[동] 만지다
热水	rè shuǐ	[명] 따뜻한 물

연습 문제

1. 다음 발음을 읽고 중국어로 쓰세요.

shūfu	zhòuwén	gùkè
yǎnjiǎo	xiāoshòu	chùmō
zhìliáo	yālì	zuǐjiǎo
xiángxì	zàochéng	biǎoqíng

2. 다음 ( ) 안에 '需要' '该' '想'을 넣고 해석하세요.

1) 我(　　　)做哪个部位?

⇨ ______________________________?

2) 那我(　　　)怎么治疗?

⇨ ______________________________?

3) 我(　　　)做除皱手术。

⇨ ______________________________.

4) 手术(　　　)很长时间吗?

⇨ ______________________________?

3. 다음 대답에 알맞은 의문문을 쓰세요.

1) A: ______________________________?

B: 我33岁。

2) A: ______________________________?

B: 脸上表情的皱纹。

3) A: ______________________________?

B: 是一个销售员。

4) A: ______________________________?

B: 手术需要5-10分钟。

4. 다음 문장을 중국어로 번역하세요.

1) 자세한 부분은 코디네이터가 설명해 드릴 겁니다.

⇨ ______________________________。

2) 많은 스트레스 때문에 얼굴 부위에 주름이 많이 생긴 것 같아요.

⇨ ______________________________。

3) 수술 후 3-4시간 내에 주사 부위는 만지지 마세요.

⇨ ______________________________。

4) 보톡스로 주름을 치료할 수 있어요.

⇨ ______________________________。

보충 용어

脉搏	màibó	맥박
体温	tǐwēn	체온
过敏	guòmǐn	알레르기
疾病	jíbìng	질병
感染	gǎnrǎn	감염
骨折	gǔzhé	골절
卫生	wèishēng	위생
消毒	xiāodú	소독
炎症	yánzhèng	염증
镇定剂	zhèndìngjì	진정제
发烧	fā shāo	열이 나다
流鼻涕	liú bítì	콧물이 흐르다
鼻塞	bísāi	코가 막히다
咳嗽	késou	기침하다
头晕	tóu yūn	머리가 어지럽다
拉肚子	lā dùzi	설사하다
喘气	chuǎnqì	호흡하다, 숨차다
着凉(伤风)	zháoliáng(shāngfēng)	감기에 걸리다

第4课

家族病史(가족 병력)

第 4 课　家族病史(가족 병력)

요점 내용

1. 以前得过什么病吗?
Yǐqián dé guo shénme bìng ma?
이전에 어떤 병을 앓으셨어요?

2. 你妈妈有没有特殊疾病?
Nǐ māma yǒu méiyǒu tèshū jíbìng?
당신 어머니는 특별한 질병이 있었습니까?

3. 没有。只是有一点高血压。
Méiyǒu. Zhǐshì yǒu yìdiǎn gāoxuèyā.
없었습니다. 단지 고혈압이 약간 있습니다.

4. 你妈妈对药物过敏吗?
Nǐ māma duì yàowù guòmǐn ma?
당신 어머니는 약물에 알레르기 반응이 있습니까?

단어

觉得	juéde	[동] ~라고 여기다(생각하다)
常	cháng	[부] 늘, 자주
疲倦	píjuàn	[형] 피곤하다, 지치다
整天	zhěngtiān	[명] 온종일
头晕	tóu yūn	[동] 머리가 어지럽다
以前	yǐqián	[명] 과거, 이전
得	dé	[동] 얻다, 받다
小时候	xiǎoshíhou	[명] 어렸을 때, 어릴 때
肺炎	fèiyán	[명] 폐렴
住院	zhù yuàn	[동] 입원하다
一个星期	yí ge xīngqī	[명] 한 주, 일주일
血液	xuèyè	[명] 혈액, 피
家族	jiāzú	[명] 가족
病史	bìngshǐ	[명] 병력
接受	jiēshòu	[동] 받다, 받아들이다
特殊	tèshū	[형] 특별하다, 특수하다
疾病	jíbìng	[명] 병, 질병
高血压	gāoxuèyā	[명] 고혈압

外公	wàigōng	[명] 외할아버지
肝癌	gān'ái	[명] 간암
过世	guòshì	[동] 죽다, 돌아가시다
外婆	wàipó	[명] 외할머니
心脏病	xīnzàngbìng	[명] 심장병
对	duì	[개] ~에 대해(서)
药物	yàowù	[명] 약물, 약품
过敏	guòmǐn	[동] 알레르기 반응을 보이다

회화 1 患者病史(환자 병력)

환자의 병력에 대해 묻는다

医 生: 您哪儿不舒服?

Nín nǎr bù shūfu?

患 者: 最近常觉得很疲倦, 整天头晕。

Zuìjìn cháng juéde hěn píjuàn, zhěngtiān tóu yūn.

医 生: 以前得过什么病吗?

Yǐqián dé guo shénme bìng ma?

患 者: 小时候得过肺炎。

Xiǎoshíhou dé guo fèiyán.

医 生: 住过院吗?

Zhù guo yuàn ma?

患 者: 住院住过一个星期。

Zhù yuàn zhù guo yí ge xīngqī。

医 生: 先给您做一个血液检查吧。

Xiān gěi nín zuò yí ge xuèyè jiǎnchá ba.

护 士: 请跟我来。

Qǐng gēn wǒ lái.

회화 2 家族病史(가족 병력)
환자의 가족 병력에 대해 묻는다

护　　士: 你本人要接受检查吗?
Nǐ běnrén yào jiēshòu jiǎnchá ma?

患者家属: 不是。是我妈妈。
Bú shì. Shì wǒ māma.

护　　士: 你妈妈有没有特殊疾病?
Nǐ māma yǒu méiyǒu tèshū jíbìng?

患者家属: 没有。只是有一点高血压。
Méiyǒu. Zhǐshì yǒu yìdiǎn gāoxuèyā.

护　　士: 家族中有没有得癌的?
Jiāzú zhōng yǒu méiyǒu dé ái de?

患者家属: 我外公是肝癌过世的, 外婆是心脏病过世的。
Wǒ wàigōng shì gān'ái guòshì de, wàipó shì xīnzàngbìng guòshì de.

护　　士: 你妈妈对药物过敏吗?
Nǐ māma duì yàowù guòmǐn ma?

患者家属: 没有。
Méiyǒu.

어법

1. 조사 '过'의 용법

• 조사 '过'는 '동사 + 过'의 형식으로 '~한 적이 있다'라는 뜻으로 과거의 경험을 나타낸다.

我吃过中国菜。 나는 중국 요리를 먹어 본 적이 있다.
Wǒ chī guo Zhōngguó cài.

• '过'의 부정문은 '没(有) + 동사 + 过'의 형식으로 '~한 적이 없다'는 뜻으로 나타낸다.

我没(有)住过院。 나는 병원에 입원한 적이 없다.
Wǒ méi(yǒu) zhù guo yuàn.

• '过'의 문장에 동량보어가 있을 경우 '동사 + 过 + 동량보어 + 목적어' 형식으로 '몇 번 ~한 적이 있다'는 뜻을 나타낸다.

住院住过一次。 병원에 한번 입원한 적이 있다.
Zhù yuàn zhù guo yí cì.

学过一次汉语。 중국어를 한번 배운 적이 있다.
Xué guo yí cì Hànyǔ.

- '过'의 의문문은 '동사 + 过 + 목적어 + 吗?' '동사 + 过 + 목적어 + 没有?' 형식으로 쓰인다.

  你住过院吗? 병원에 입원하신 적이 있습니까?
  Nǐ zhù guo yuàn ma?

  以前得过什么病吗? 이전에 어떤 병을 앓으셨습니까?
  Yǐqián dé guo shénme bìng ma?

  以前得过病没有? 이전에 병을 앓으신 적이 있습니까?
  Yǐqián dé guo bìng méiyǒu?

2. 시량보어

시량보어는 '주어 + 동사 + 过(了) + 시량보어'의 형식으로 일정 시간 동안 어떤 동작이 행해졌다는 것을 나타낸다.

他见过(了)一个小时医生。 그는 한 시간 동안 의사를 만났었다.
Tā jiàn guo(le) yí ge xiǎoshí yīshēng.

住院住过一个星期。 병원에서 일주일간 입원했다.
Zhù yuàn zhù guo yí ge xīngqī.

3. '一点儿'의 용법

- '一点(儿)'은 '수사 + 양사'의 형식으로 관형어와 보어로 쓰이며, '조금, 약간'의 뜻을 나타낸다.

我喝了一点儿咖啡。(관형어) 나는 커피를 좀 마셨다.
Wǒ hē le yìdiǎnr kāfēi.

我爷爷的病好一点儿了。(보어) 우리 할아버지의 병이 좀 나아졌다.
Wǒ yéye de bìng hǎo yìdiǎnr le.

- '有一点(儿)'은 부사어로 쓰여 '조금 있다'는 부정적인 의미로 쓰인다.

今天有一点(儿)冷。 오늘은 조금 춥다.
Jīntiān yǒu yìdiǎn(r) lěng.

只是有一点(儿)高血压。 단지 고혈압이 약간 있다.
Zhǐshì yǒu yìdiǎn(r) gāoxuèyā.

4. '对 …'의 용법

개사 '对'는 동작, 작용, 상태가 관련하는 대상의 동사나 형용사 앞, 또는 문장 맨 앞에 위치하여, ' ~에 대해(서)'의 뜻을 나타낸다.

你妈妈对药物过敏吗? 당신 어머니는 약물에 알레르기가 있습니까?
Nǐ māma duì yàowù guòmǐn ma?

他对健康很感兴趣。 그는 건강에 대해 관심이 많다.
Tā duì jiànkāng hěn gǎn xìngqù.

교체 연습

1.

以前	我	得过	肺炎。
Yǐqián	wǒ	dé guo	fèiyán.
		吃过	泰国菜
		chī guo	Tàiguó cài
		去过	中国
		qù guo	Zhōngguó

2.

你	有没有	特殊疾病?
Nǐ	yǒu méiyǒu	tèshū jíbìng
		药物过敏
		yàowù guòmǐn
		肝炎
		gānyán

3.

只是	有一点	高血压。
Zhǐshì	yǒu yìdiǎn	gāoxuèyā.
		感冒
		gǎnmào
		副作用
		fùzuòyòng

보충 단어

泰国	Tàiguó	[명] 태국
菜	cài	[명] 요리
肝炎	gānyán	[명] 간염
感冒	gǎnmào	[명] 감기
副作用	fùzuòyòng	[명] 부작용

연습 문제

1. 다음 발음을 읽고 중국어로 쓰세요.

yàowù	jíbìng	tóuyūn
yǐqián	fèiyán	guòmǐn
píjuàn	zhěngtiān	guòshì
gāoxuèyā	xīnzàngbìng	xuèyè

2. 다음을 읽고 중국어로 쓰세요.

1) Yào jiēshòu jiǎnchá ma?

⇨ ________________________________?

2) Zhǐshì yǒu yìdiǎn gāoxuèyā.

⇨ ________________________________。

3) Zhùyuàn zhù guo yí ge xīngqī.

⇨ ________________________________。

4) Wàipó shì xīnzàngbìng guòshì de.

⇨ ________________________________。

3. 다음 질문에 알맞은 대답을 쓰세요.

1) A: 您哪儿不舒服?

B: ______________________________。

2) A: 你妈妈对药物过敏吗?

B: ______________________________。

3) A: 以前得过什么病吗?

B: ______________________________。

4) A: 你妈妈有没有特殊疾病?

B: ______________________________。

4. 다음 문장을 중국어로 번역하세요.

1) 병원에서 일주일간 입원했었어요?

⇨ ______________________________?

2) 가족 중 암을 앓은 적이 있습니까?

⇨ ______________________________?

3) 먼저 혈액 검사를 하겠습니다.

⇨ ______________________________。

4) 최근 자주 피곤하고 하루 종일 머리가 어지러워요.

⇨ ______________________________。

보충 용어

得病	dé bìng	병에 걸리다(患病)
初诊	chū zhěn	초진
门诊	mén zhěn	외래진찰
看病	kàn bìng	진찰하다(받다)
接诊	jiē zhěn	진료하다
复诊	fù zhěn	재진하다
会诊	huì zhěn	합동진찰(진단)하다
护工	hù gōng	간병인(看病人)
护理	hùlǐ	간호하다, 돌보다
治病	zhì bìng	병을 치료하다
治愈	zhìyù	치유하다, 완치하다
痊愈	quányù	완쾌되다, 병이 낫다
康复	kāngfù	건강을 회복하다
疗养	liáoyǎng	요양하다
静养	jìngyǎng	안정을 취하다
调养身体	tiáoyǎng shēntǐ	몸조리 잘하다

第5课

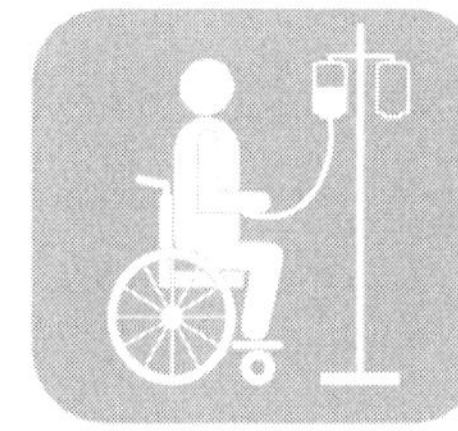

健康检查(건강 검진)

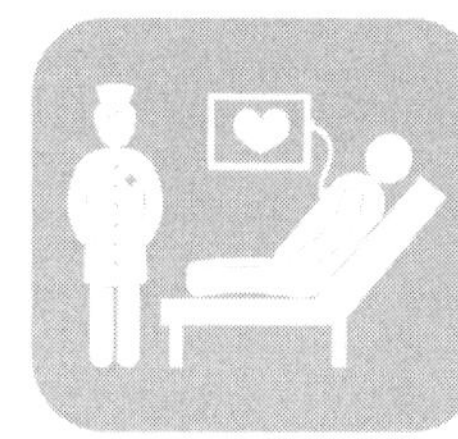

第5课 健康检查(건강 검진)

요점 내용

1. 我是来体检的。
Wǒ shì lái tǐjiǎn de.
신체 검사하러 왔어요.

2. 现在量血压。请伸出胳膊，不要说话。
Xiànzài liáng xuèyā. Qǐng shēn chū gēbo, bú yào shuōhuà.
지금 혈압을 재겠습니다. 팔을 펴시고 말하지 마세요.

3. 换好衣服后到X光室前面，稍等一下。
Huàn hǎo yīfu hòu dào Xguāngshì qiánmian, shāo děng yíxià.
옷을 갈아입은 후에 엑스레이실 앞에서 잠시 기다리세요.

4. 现在做抽血检查。有点疼，好了。
Xiànzài zuò chōu xuè jiǎnchá. Yǒu diǎn téng, hǎo le.
지금 혈액 검사를 할 겁니다. 조금 아픕니다. 다 됐습니다.

단어

体检	tǐjiǎn	[명] 신체검사
身高	shēngāo	[명] 키
米	mǐ	[양] 미터(meter)
体重	tǐzhòng	[명] 몸무게
公斤	gōngjīn	[면] 킬로그램(kg)
现在	xiànzài	[명] 지금, 현재
量	liáng	[동] 재다, 측정하다
血压	xuèyā	[명] 혈압
伸出	shēn chū	[동] 펴다, 펼치다
胳膊	gēbo	[명] 팔
更衣室	gēngyīshì	[명] 탈의실
换	huàn	[동] 바꾸다
衣服	yīfu	[명] 옷, 의복
X光室	Xguāngshì	[명] 엑스레이실
稍等	shāo děng	[동] 잠깐 기다리세요
进来	jìn lái	[동] 들어오다
站	zhàn	[동] 서다, 바로 서다
呼吸	hūxī	[동] 호흡하다, 숨을 쉬다

停止	tíngzhǐ	[동] 멈추다, 정지하다
尿检	niàojiǎn	[명] 소변검사
往	wǎng	[개] ~쪽으로, ~을 향하여
拐	guǎi	[동] 방향을 바꾸다
洗手间	xǐshǒujiān	[명] 화장실
杯子	bēizi	[명] 잔, 컵
接	jiē	[동] 받다, 받아들이다
放	fàng	[동] 놓다, 놓아두다
抽	chōu	[동] 뽑다, 빼내다
按	àn	[동] 누르다
棉花	miánhuā	[명] 목화솜
拿开	ná kāi	[동] 치우다, 들어 옮기다

회화 1 体检(신체 검사)

患　者: 我是来体检的。
Wǒ shì lái tǐjiǎn de.

护　士: 先量一下, 身高1米70, 体重55公斤。
Xiān liáng yíxià, shēngāo yì mǐ qī líng, tǐzhòng wǔshíwǔ gōngjīn.

护　士: 现在量血压。请伸出胳膊, 不要说话。
Xiànzài liáng xuèyā. Qǐng shēn chū gēbo, bú yào shuōhuà.
120 / 80 正常。
Yìbǎi'èshí/bāshí zhèngcháng.

患　者: 下一个做什么检查?
Xià yí ge zuò shénme jiǎnchá?

护　士: 请这儿来。先到更衣室换衣服。
Qǐng zhèr lái. Xiān dào gēngyīshì huàn yīfu.
换好衣服后到X光室前面, 稍等一下。
Huàn hǎo yīfu hòu dào Xguāngshì qiánmian, shāo děng yíxià.

检查员: 请进来。站好, 请不要动。深呼吸, 停止呼吸。好了。
Qǐng jìn lái. Zhàn hǎo, qǐng bú yào dòng. Shēn hūxī, tíngzhǐ hūxī. Hǎo le.

회화 2 尿检, 验血(소변, 혈액 검사)

护 士: 要做尿检。您往前走左拐就是洗手间。
Yào zuò niàojiǎn. Nín wǎng qián zǒu zuǒ guǎi jiù shì xǐshǒujiān.

这是杯子, 请去接点尿。
Zhè shì bēizi, qǐng qù jiē diǎn niào.

患 者: 接多少?
Jiē duōshao?

护 士: 三分之一就行。
Sān fēn zhī yī jiù xíng.

患 者: 放在哪儿? 还要做什么检查?
Fàng zài nǎr? Hái yào zuò shénme jiǎnchá?

护 士: 放在这儿。现在做抽血检查。
Fàng zài zhèr. Xiànzài zuò chōu xuè jiǎnchá.

有点疼, 好了, 按着棉花。等一会儿再拿开。
Yǒu diǎn téng, hǎo le, àn zhe miánhuā. Děng yíhuìr zài ná kāi.

어법

1. 방위사(方向词)

방위사 뒤에 접미사 '边' '面'을 붙여 사용할 수 있다.

上	前	里	左	东	南	旁	中
shàng	qián	lǐ	zuǒ	dōng	nán	páng	zhōng
위	앞	안쪽	왼쪽	동	남	옆	중간

下	后	外	右	西	北	间	内
xià	hòu	wài	yòu	xī	běi	jiān	nèi
아래	뒤	밖	오른쪽	서	북	사이	안

※ '对面' '旁边' '中间'은 방위사 뒤에 쓰는 다른 접미사는 쓸 수 없다.

2. '几'와 '多少'의 용법

- '几'는 주로 10 이하의 확실치 않은 수를 물을 때 쓰인다.

  你有几张票? 당신은 표를 몇 장 가지고 있습니까?
  Nǐ yǒu jǐ zhāng piào?

房间里有几个人? 방안에 사람이 몇 명 있습니까?
Fángjiān li yǒu jǐ ge rén?

- '多少'는 10 이상의 일정하지 않은 수량을 물을 때 쓰인다.

接多少? 얼마나 받을까요?
Jiē duōshao?

教室里有多少(个)学生? 교실 안에 몇 명의 학생이 있습니까?
Jiàoshì li yǒu duōshao (ge) xuésheng?

3. 단순방향보어(方向补语)

- '동사(上, 下, 进, 出, 回, 过, 起) + 来 / 去' 형식으로 동작의 방향을 나타낸다.

请进来。 들어오세요.
Qǐng jìn lái.

你上来吧。 당신 올라오세요.
Nǐ shàng lái ba.

- 일반 목적어가 있는 경우 '동사 + 来 / 去 + 목적어' '동사 + 목적어 + 来 / 去' 형식으로 나타낸다.

我买来了一本书。 나는 책 한 권을 사왔다.
Wǒ mǎi lái le yì běn shū.

我买了一本书来。 나는 책 한 권을 사왔다.
Wǒ mǎi le yì běn shū lái.

- 장소목적어가 있는 경우 '동사+장소목적어+来 / 去' 형식으로 장소목적어는 반드시 '来 / 去' 앞에 놓는다.

他进屋里去了。 그는 방안으로 들어갔다.
Tā jìn wū li qù le.

老师出教室来了。 선생님이 교실에서 나왔다.
Lǎoshī chū jiàoshì lái le.

교체 연습

1. 请 进来。
Qǐng jìn lái.
过来
guò lái
出去
chū qù

2. 您 往 前 走 左 拐 就是。
Nín wǎng qián zǒu zuǒ guǎi jiùshì.
后
hòu
北
běi

3. 接 多少?
Jiē duōshao?
买
Mǎi
吃
Chī

보충 단어

过来	guò lái	[동] 오다
出去	chū qù	[동] 나가다
后	hòu	[명] 뒤, 후
北	běi	[명] 북, 북쪽

연습 문제

1. 다음 발음을 읽고 중국어로 쓰세요.

xuèyā	shēnchū	gēngyīshì
niàojiǎn	xǐshǒujiān	tíngzhǐ
tǐzhòng	gēbo	shēngāo
gōngjīn	hūxī	miánhuā

2. 다음을 읽고 발음을 쓰세요.

1) 我是来体检的。

⇨ ____________________________________.

2) 先到更衣室换衣服。

⇨ ____________________________________.

3) 深呼吸, 停止呼吸。

⇨ ____________________________________.

4) 现在做抽血检查。

⇨ ____________________________________.

3. 다음 질문에 알맞은 대답을 쓰세요.

1) A: 还要做什么检查?

B: ______________________________。

2) A: 身高多少?

B: ______________________________。

3) A: 体重多少?

B: ______________________________。

4) A: 血压多少?

B: ______________________________。

4. 다음 문장을 중국어로 번역하세요.

1) 팔을 펴시고, 말하지 마세요.

⇨ ______________________________。

2) 깊이 호흡하시고 호흡을 멈추세요.

⇨ ______________________________。

3) 앞으로 가셔서 왼쪽으로 돌면 화장실이 있습니다.

⇨ ______________________________。

4) 옷을 갈아입은 후에 엑스레이실 앞에서 잠시 기다리세요.

⇨ ______________________________。

보충 용어

验血	yànxiě	혈액검사
心电图	xīndiàntú	심전도
尿液检查	niàoyè jiǎnchá	소변검사
大便检查	dàbiàn jiǎnchá	대변검사
视力检查	shìlì jiǎnchá	시력검사
听力检查	tīnglì jiǎnchá	청력검사
胃镜检查	wèijìng jiǎnchá	위내시경검사
超音波检查	chāoyīnbō jiǎnchá	초음파검사
脑电图检查	nǎodiàntú jiǎnchá	뇌전도검사
核磁共振仪	hécígòngzhènyí	MRI
大肠内镜检查	dàcháng nèijìng jiǎnchá	대장내시경검사
计算机断层摄影	jìsuànjī duàncéng shèyǐng	컴퓨터 단층촬영(CT)
胸部X光放射线检查	xiōngbù Xguāng fàngshèxiàn jiǎnchá	흉부엑스광선방사선검사

第6课

住院手续(입원 수속)

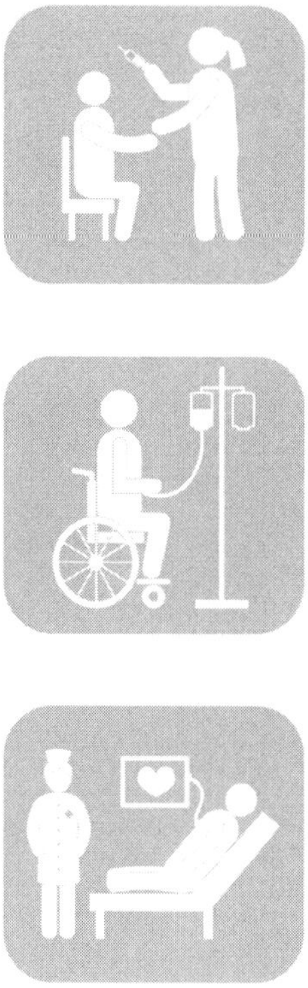

第6课 住院手续(입원 수속)

요점 내용

1. 我是来办住院手续的。
Wǒ shì lái bàn zhù yuàn shǒuxù de.
입원 수속 하려고 왔어요.

2. 请您填写特诊委托书和住院协议书。
Qǐng nín tián xiě tèzhěn wěituōshū hé zhù yuàn xiéyìshū.
특진 위탁 증서와 입원 협의서에 기입해 주세요.

3. 请交给家属保管或者保管在物品箱里。
Qǐng jiāo gěi jiāshǔ bǎoguǎn huòzhě bǎoguǎn zài wùpǐnxiāng li.
귀중물품이 있으면 가족에게 맡기시거나 물품상자 안에 보관하세요.

4. 请到二楼先照个X光，再做超声波检查。
Qǐng dào èr lóu xiān zhào ge Xguāng, zài zuò chāoshēngbō jiǎnchá.
2층으로 가셔서 먼저 엑스레이를 찍으시고, 다시 초음파검사를 하세요.

단어

办	bàn	[동] 처리하다
手续	shǒuxù	[명] 수속, 절차
耳鼻喉科	ěrbíhóukē	[명] 이비인후과
类型	lèixíng	[명] 유형
病房	bìngfáng	[명] 입원실, 병실
进入	jìnrù	[동] 들다, 진입하다
病床	bìngchuáng	[명] 병상
特诊	tèzhěn	[동] 특진하다
委托书	wěituōshū	[명] 위탁증서
协议书	xiéyìshū	[명] 협의서
同意书	tóngyìshū	[명] 동의서
签名	qiānmíng	[동] 서명하다, 사인하다
患者	huànzhě	[명] 환자, 병자
贵重	guìzhòng	[형] 귀중하다, 중요하다
物品	wùpǐn	[명] 물품
交	jiāo	[동] 건네다, 넘기다
家属	jiāshǔ	[명] 가족
保管	bǎoguǎn	[동] 보관하다
或者	huòzhě	[접] ~이거나 혹은 ~이다

箱	xiāng	[명] 상자
期间	qījiān	[명] 기간
餐	cān	[명] 음식, 식사
病人服	bìngrénfú	[명] 환자복
照	zhào	[동] 찍다
X光	Xguāng	[명] 엑스레이
禁食	jìnshí	[동] 금식하다
东西	dōngxi	[명] 물건
超声波检查	chāoshēngbō jiǎnchá	[명] 초음파검사

회화 1 住院手续(입원 수속) 1

환자가 이비인후과에 입원하러 왔다

患 者: 您好! 我是来办住院手续的。

Nín hǎo! Wǒ shì lái bàn zhù yuàn shǒuxù de.

职 员: 您要在耳鼻喉科住院, 要住什么类型的房间?

Nín yào zài ěrbíhóukē zhù yuàn, yào zhù shénme lèixíng de fángjiān?

患 者: 我想跟家人住在一起, 但不要太贵的。

Wǒ xiǎng gēn jiārén zhù zài yìqǐ, dàn bú yào tài guì de.

职 员: 那就用二人一室的。您的病房是708室。

Nà jiù yòng èr rén yí shì de. Nín de bìngfáng shì qī líng bā shì.

护 士: 这是您的病床, 请您填写特诊委托书和住院协议书。

Zhè shì nín de bìngchuáng, qǐng nín tián xiě tèzhěn wěituōshū hé zhù yuàn xiéyìshū.

患 者: 手术前还要填写什么呢?

Shǒushù qián hái yào tián xiě shénme ne?

护 士: 后天做手术, 还要在手术同意书上签名。

Hòutiān zuò shǒushù, hái yào zài shǒushù tóngyìshū shang qiānmíng.

회화 2 住院手续(입원 수속) 2
환자가 입원 절차를 받는다

护 士: 您是明天九点要做手术的患者王成, 对不对?
Nín shì míngtiān jiǔ diǎn yào zuò shǒushù de huànzhě Wáng Chéng, duì bu duì?

王 成: 对。
Duì.

护 士: 有贵重物品请交给家属保管或者保管在物品箱里。
Yǒu guìzhòng wùpǐn qǐng jiāo gěi jiāshǔ bǎoguǎn huòzhě bǎoguǎn zài wùpǐnxiāng li.
住院期间用餐时间是早餐七到八点,
Zhù yuàn qījiān yòng cān shíjiān shì zǎocān qī dào bā diǎn,
中餐十二点到下午一点, 晚餐六点到七点。
zhōngcān shí'èr diǎn dào xiàwǔ yì diǎn, wǎncān liù diǎn dào qī diǎn.
先换病人服, 你还要做几个检查呢。
Xiān huàn bìngrénfú, nǐ hái yào zuò jǐ ge jiǎnchá ne.

王 成: 换好了。
Huàn hǎo le.

护 士: 请到二楼先照个X光, 再做超声波检查。
Qǐng dào èr lóu xiān zhào ge Xguāng, zài zuò chāoshēngbō jiǎnchá.
还有晚上9点以后要禁食, 不能吃东西。
Hái yǒu wǎnshang jiǔ diǎn yǐhòu yào jìnshí, bù néng chī dōngxi.

어법

1. 조동사 '要'의 용법

- 주어의 의지를 나타내는 '~하려고 하다'

我要去中国玩儿。 나는 중국에 놀러가려고 한다.
Wǒ yào qù Zhōngguó wánr.

我要在耳鼻喉科住院。 나는 이비인후과에 입원하려고 한다.
Wǒ yào zài ěrbíhóukē zhù yuàn.

- 당위성을 나타내는 '~해야만 한다'

手术前还要在手术同意书上签名。
Shǒushù qián hái yào zài shǒushù tóngyìshū shang qiānmíng.
수술 전에 수술 동의서에 서명해야 한다.

你还要做几个检查呢。 당신은 몇 가지 검사를 더 해야 한다.
Nǐ hái yào zuò jǐ ge jiǎnchá ne.

还有晚上9点以后要禁食。 또한 저녁 9시 이후에는 금식해야 한다.
Hái yǒu wǎnshang jiǔ diǎn yǐhòu yào jìnshí.

2. '동사 + 给'의 용법

동작을 통해 사물을 누군가에게 주거나 전달하는 데 쓰이고, 결과보어 '给'와 많이 쓰이는 동사로 '送, 交, 换, 寄' 등이 있으며, '给' 뒤에 이중목적어를 동반할 수 있다.

我送给你一件礼物。　내가 당신에게 선물을 드립니다.
Wǒ sòng gěi nǐ yí jiàn lǐwù.

有贵重物品请交给家属保管。　귀중물품이 있으면 가족에게 맡기다.
Yǒu guìzhòng wùpǐn qǐng jiāo gěi jiāshǔ bǎoguǎn.

3. '还 … 呢'의 용법

동작이나 상태의 지속(진행)을 나타내는 '아직도 ~하고 있다'는 뜻을 나타낸다.

我还不太习惯呢。　나는 아직 익숙하지 않다.
Wǒ hái bú tài xíguàn ne。

你还要做几个检查呢。　당신은 몇 가지 검사를 더 해야 한다.
Nǐ hái yào zuò jǐ ge jiǎnchá ne.

4. '或者'의 용법

접속사로 선택 관계를 나타내는 '~이던가 아니면 ~이다'는 뜻을 나타낸다.

我今天去或者明天去。 나는 오늘 아니면 내일 갑니다.
Wǒ jīntiān qù huòzhě míngtiān qù.

我要喝咖啡或者喝茶。 나는 커피나 차를 마실 겁니다.
Wǒ yào hē kāfēi huòzhě hē chá.

家属保管或者保管在物品箱里。
Jiāshǔ bǎoguǎn huòzhě bǎoguǎn zài wùpǐnxiāng li.
가족이 보관하거나 혹은 물품 상자에 보관한다.

교체 연습

1. 还要 填写 什么 呢?
   Hái yào tián xiě shénme ne?

还要	填写	什么	呢?
Hái yào	tián xiě	shénme	ne?
	吃		
	chī		
	检查		
	jiǎnchá		

2. 交给 家属保管 或者 保管在物品箱里。

交给	家属保管	或者	保管在物品箱里。
Jiāo gěi	jiāshǔ bǎoguǎn	huòzhě	bǎoguǎn zài wùpǐn xiāng li.
我	今天去		明天去
Wǒ	jīntiān qù		míngtiān qù
服用	抗生素		吃止痛药
Fúyòng	kàngshēngsù		chī zhǐtòngyào

3. 先 照个X光, 再 做超声波检查。

先	照个X光,	再	做超声波检查。
Xiān	zhào ge Xguāng,	zài	zuò chāoshēnbō jiǎnchá.
	跟医生约		咨询
	gēn yīshēng yuē		zīxún
	吃药		睡觉
	chī yào		shuì jiào

보충 단어

服用	fúyòng	[동] 복용하다
抗生素	kàngshēngsù	[명] 항생소
止痛药	zhǐtòngyào	[명] 진통제
睡觉	shuì jiào	[동] (잠을) 자다

연습 문제

1. 다음 발음을 읽고 중국어로 쓰세요.

shǒuxù	wùpǐn	wěituōshū
lèixíng	xiéyìshū	tèzhěn
guìzhòng	jiāshǔ	bǎoguǎn
chāoshēngbō	tèzhěn	ěrbíhóukē

2. 다음 ( ) 안에 '要' '手续' '填'을 넣고 발음을 쓰세요.

1) 您(　　　)在耳鼻喉科住院。

⇨ ______________________________.

2) 我是来办住院(　　　)的。

⇨ ______________________________.

3) 请您(　　　)写特诊委托书。

⇨ ______________________________.

4) 还(　　　)在手术同意书上签名。

⇨ ______________________________.

3. 다음 질문에 알맞은 대답을 쓰세요.

1) A: 要住什么类型的房间?

B: ________________________________。

2) A: 手术前还要填写什么呢?

B: ________________________________。

3) A: 我还要做几个检查?

B: ________________________________。

4) A: 晚上9点以后要禁食吗?

B: ________________________________。

4. 다음 문장을 중국어로 번역하세요.

1) 당신의 병실은 708호실입니다.

⇨ ____。

2) 2층으로 가셔서 먼저 엑스레이를 찍으세요.

⇨ ____。

3) 입원기간 아침 식사시간은 7시에서 8시까지입니다.

⇨ ____。

4) 귀중물품이 있으면 물품 상자 안에 보관하세요.

⇨ ____。

보충 용어

窗口	chuāngkǒu	창구
挂号	guà hào	접수(수속)하다
签字	qiān zì	서명하다
交纳	jiāonà	납부하다
押金	yājīn	보증금
重症监护室	zhòngzhèng jiānhùshì	중환자실
收纳	shōunà	수납하다(收款)
急诊室	jízhěnshì	응급실
急救人员	jíjiù rényuán	구급요원
急救车	jíjiùchē	구급차(救护车)
开药	kāi yào	약을 처방하다
散剂	sǎnjì	가루약
药方	yàofāng	처방전
药片	yàopiàn	알약
处方药	chǔfāngyào	처방약(전문의약품)
非处方药	fēi chǔfāngyào	일반의약품

第7课

内科诊疗(내과 진료)

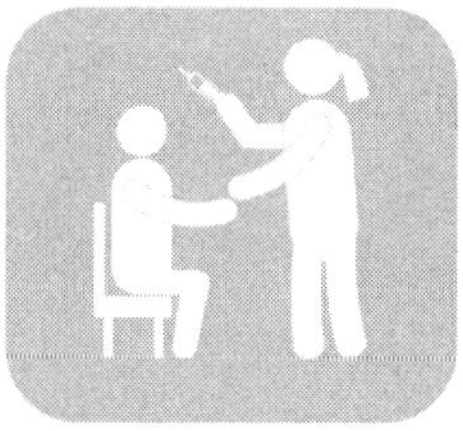

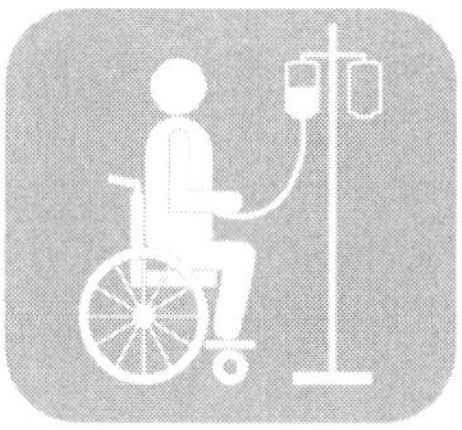

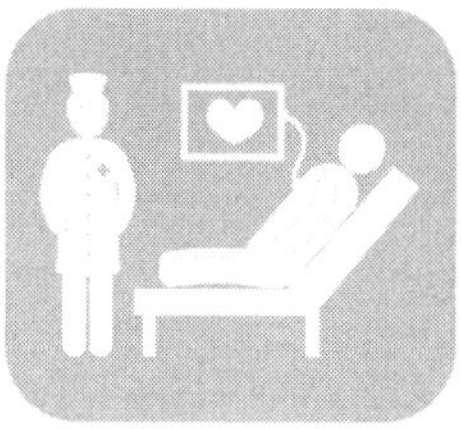

第 7 课 内科诊疗(내과 진료)

요점 내용

1. 我全身疼得很厉害，而且发冷发热的。
Wǒ quánshēn téng de hěn lìhai, érqiě fā lěng fā rè de.
저는 온몸이 아주 심하게 아프고, 게다가 춥고 열이 나기도 합니다.

2. 我可能是昨晚聚餐吃错东西了。
Wǒ kěnéng shì zuó wǎn jùcān chī cuò dōngxi le.
아마 어제 저녁 회식 때 잘못 먹었나 봐요.

3. 累得一点力气也没有了。
Lèi de yìdiǎn lìqi yě méiyǒu le。
너무 피곤해서 기력이 조금도 없습니다.

4. 可能得了急性胃肠炎。
Kěnéng dé le jíxìng wèichángyán.
아마 급성 위장염에 걸린 듯합니다.

단어

体温	tǐwēn	[명] 체온
发烧	fā shāo	[동] 열이 나다
全身	quánshēn	[명] 전신, 온몸
厉害	lìhai	[형] 극심하다, 심각하다
而且	érqiě	[접] 게다가, 또한
发冷	fā lěng	[동] 한기를 느끼다
发热	fā rè	[동] 발열하다
按	àn	[동] 누르다
扁桃腺	biǎntáoxiàn	[명] 편도선
鼻(子)	bí(zi)	[명] 코
塞	sè	[동] 막히다
呼吸	hūxī	[동] 호흡하다
重	zhòng	[형] 심하다, 크다
感冒	gǎnmào	[명] 감기
抽	chōu	[동] 꺼내다, 뽑다
痰	tán	[명] 담, 가래
处方	chǔfāng	[동] 처방을 내다
可能	kěnéng	[부] 아마도, 어쩌면

聚餐	jù cān	[동] 회식하다
海鲜	hǎixiān	[명] 해산물
错	cuò	[형] 틀리다
拉肚子	lā dùzi	[동] 설사하다(泻肚)
力气	lìqi	[명] 힘, 역량
急性	jíxìng	[형] 급성의
胃肠炎	wèichángyán	[명] 위장염
打针	dǎ zhēn	[동] 주사를 놓다(맞다)
注射	zhùshè	[동] 주사하다

회화 1 感冒(감기)

환자가 고열이 나서 진료하러 왔다

护 士: 量一下体温，发高烧 39度。
Liáng yíxià tǐwēn, fā gāoshāo sānshíjiǔ dù.

医 生: 您哪儿最疼?
Nín nǎr zuì téng?

患 者: 我全身疼得很厉害，而且发冷发热的。
Wǒ quánshēn téng de hěn lìhai, érqiě fā lěng fā rè de.

医 生: 我看看，按这儿疼吗?
Wǒ kànkan, àn zhèr téng ma?

患 者: 对。很疼。
Duì. Hěn téng.

医 生: 您扁桃腺肿得很大。
Nín biǎntáoxiàn zhǒng de hěn dà.

患 者: 还有我鼻塞不能呼吸。
Hái yǒu wǒ bísè bù néng hūxī.

医 生: 是重感冒，我帮您先抽痰，再给您处方。
Shì zhòng gǎnmào, wǒ bāng nín xiān chōu tán, zài gěi nín chǔfāng.

회화 2 急性胃肠炎(급성 위장염)

환자가 배가 아파서 진료하러 왔다

患 者: 我可能是昨晚聚餐吃错东西了。肚子很疼。
Wǒ kěnéng shì zuó wǎn jùcān chī cuò dōngxi le. Dùzi hěn téng.

医 生: 吃了什么东西? 拉肚子了吗?
Chī le shénme dōngxi? Lā dùzi le ma?

患 者: 吃了海鲜之类的菜。拉了很多次, 累得一点力气也没有了。
Chī le hǎixiān zhī lèi de cài. Lā le hěn duō cì, lèi de yìdiǎn lìqi yě méiyǒu le.

医 生: 可能得了急性胃肠炎。打个针, 吃个药, 就会好的。
Kěnéng dé le jíxìng wèichángyán. Dǎ ge zhēn, chī ge yào, jiù huì hǎo de.

患 者: 要吃几天的药?
Yào chī jǐ tiān de yào?

医 生: 吃三天的药再看看。
Chī sān tiān de yào zài kànkan.

护 士: 请到注射室打针。
Qǐng dào zhùshèshì dǎ zhēn.

어법

1. 정도보어(程度补语)

동사나 형용사 뒤에 쓰여 동작이나 상태의 정도를 나타낸다.

- '주어 + 동사 + 得 + 정도보어'

老师说得很清楚。 선생님은 분명하게 말한다.
Lǎoshī shuō de hěn qīngchu.

- '주어 + 목적어 + 동사 + 得 + 정도보어'

您扁桃腺肿得很大。 편도선이 아주 심하게 부었다.
Nín biǎntáoxiàn zhǒng de hěn dà.

我全身疼得很厉害。 저는 온몸이 아주 심하게 아픕니다.
Wǒ quánshēn téng de hěn lìhai.

- '주어 + (동사) + 목적어 + 동사 + 得 + 정도보어'

学生(说)汉语说得很流利。 학생은 중국어를 유창하게 말합니다.
Xúesheng (shuō) Hànyǔ shuō de hěn liúlì.

我全身疼得很厉害。 저는 온몸이 아주 심하게 아픕니다.
Wǒ quánshēn téng de hěn lìhai.

• '주어 + 형용사 + 得 + 很' '주어 + 형용사 + 得 + 고정구'가 정도보어로 쓰여 정도가 심함을 나타낸다.

她漂亮得很。 그녀는 굉장히 예쁘다.
Tā piàoliang de hěn.

累得一点力气也没有了。 너무 피곤해서 기력이 조금도 없다.
Lèi de yidiǎn lìqi yě méiyǒu le。

2. '了'의 용법

• 동작의 완료를 나타내는 '了'의 의문문

拉肚子了吗? 설사를 했습니까?
Lā dùzi le ma?

拉肚子了没有? 설사를 했습니까?
Lā dùzi le méiyǒu?

• 동작의 완료를 나타내는 '了'의 부정문

没(有)拉肚子。 설사를 하지 않았다.
Méi(yǒu) lā dùzi.

还没(有)拉肚子呢。 아직 설사를 하지 않았다.
Hái méi(yǒu) lā dùzi ne.

- 동작의 완료를 나타내는 '동사 + 了 + 관형어 + 목적어' 형식

他买了三斤葡萄。 그는 포도를 3근 샀다.
Tā mǎi le sān jīn pútao.

可能得了急性胃肠炎。 아마 급성 위장염에 걸린 듯하다.
Kěnéng dé le jíxìng wèichángyán.

- 변화와 새로운 상황의 출현을 나타내는 '是 … 了'의 형식

他现在是医生了。 그는 현재 의사이다.
Tā xiànzài shì yīshēng le.

我可能是昨晚聚餐吃错东西了。 아마 어제 저녁 회식 때 잘못 먹은 것 같다.
Wǒ kěnéng shì zuó wǎn jùcān chī cuò dōngxi le.

교체 연습

1. 我 全身 疼 得 很 厉害。
Wǒ quánshēn téng de hěn lìhai.
肚子 饿
dùzi è
胃 痛
wèi tòng

2. 可能 是 昨晚 吃错 东西 了。
Kěnéng shì zuó wǎn chī cuò dōngxi le.
看错 人
kàn cuò rén
听错 声音
tīng cuò shēngyīn

3. 要 吃 几 天 的 药?
Yào chī jǐ tiān de yào?
走 路
zǒu lù
做 事
zuò shì

보충 단어

胃	wèi	[명] 위
看错	kàn cuò	[동] 잘못 보다
听错	tīng cuò	[동] 잘못 듣다
声音	shēngyīn	[명] 소리
走路	zǒulù	[동] 걷다
事	shì	[명] 일, 사건

연습 문제

1. 다음 발음을 읽고 중국어로 쓰세요.

tǐwēn	chǔfāng	fā shāo
quánshēn	hǎixiān	fā lěng
biǎntáoxiàn	gǎnmào	wèichángyán
hūxī	dǎ zhēn	zhùshè

2. 다음 ( ) 안에 '得' '呼吸' '了'를 넣고 발음을 쓰세요.

1) 您扁桃腺肿( )很大。
⇨ ______________________________.

2) 吃( )海鲜之类的菜。
⇨ ______________________________.

3) 还有我鼻塞不能( )。
⇨ ______________________________.

4) 我全身疼( )很厉害。
⇨ ______________________________.

3. 다음 질문에 알맞은 대답을 쓰세요.

1) A: 您哪儿最疼?

B: ____。

2) A: 拉肚子了吗?

B: ____。

3) A: 吃了什么东西?

B: ____。

4) A: 按这儿疼吗?

B: ____。

4. 다음 문장을 중국어로 번역하세요.

1) 체온을 재겠습니다. 열이 높습니다.

⇨ ____。

2) 아마 급성 위장염에 걸린 듯합니다.

⇨ ____。

3) 여러 번 설사를 해서 너무 피곤하고 기력이 거의 없습니다.

⇨ ____。

4) 감기가 심해서 우선 가래 없애는 것을 도와드리겠습니다.

⇨ ____。

보충 용어

胶囊	jiāonáng	캡슐(capsule)
口服药	kǒufúyào	복용약
内服药	nèifúyào	내복약
退烧药	tuìshāoyào	해열제
止痛药	zhǐtòngyào	진통제
消化剂	xiāohuàjì	소화제
口服液	kǒufúyè	드링크제
外用药	wàiyòngyào	외용약
止咳药	zhǐkéyào	기침약
消炎药	xiāoyányào	소염제
消毒药	xiāodúyào	소독약
晕车药	yùnchēyào	멀미약
酒精	jiǔjīng	알코올
药膏	yàogāo	연고
止泻药	zhǐxièyào	지사제(설사약)
阿司匹林	āsīpǐlín	아스피린(aspirin)

第8课

整形外科诊疗

(성형외과 진료) 1

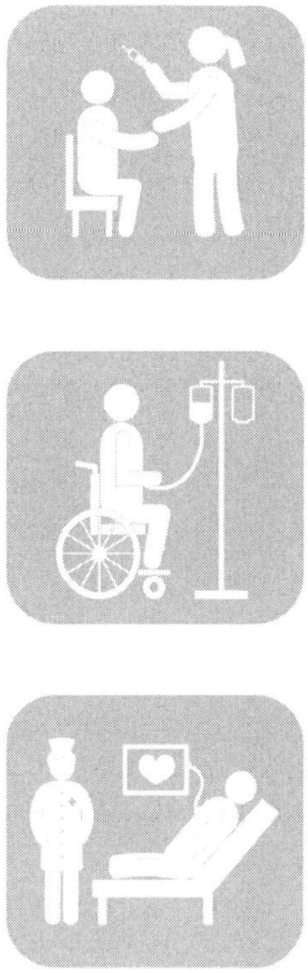

第8课 整形外科诊疗(성형외과 진료) 1

요점 내용

1. 您的左眼比右眼小，能做双眼皮手术。
Nín de zuǒyǎn bǐ yòuyǎn xiǎo, néng zuò shuāngyǎnpí shǒushù.
당신 왼쪽 눈이 오른쪽 눈보다 작아서 쌍꺼풀 수술을 할 수 있어요.

2. 我是做切开法，还是做埋线法呢?
Wǒ shì zuò qiēkāifǎ, háishi zuò máixiànfǎ ne?
절개법으로 하나요 아니면 매몰법으로 하나요?

3. 你的眼睛会看起来又大又圆的。
Nǐ de yǎnjing huì kàn qǐlái yòu dà yòu yuán de.
당신 눈이 크고 둥글게 보일 겁니다.

4. 埋线法的手术很简单，手术时间很短。
Máixiànfǎ de shǒushù hěn jiǎndān, shǒushù shíjiān hěn duǎn.
매몰법 수술이 간단해서 수술시간이 짧다고 들었습니다.

단어

左右	zuǒyòu	[명] 좌와 우
切开法	qiēkāifǎ	[명] 절개법
埋线法	máixiànfǎ	[명] 매몰법
根据	gēnjù	[개] ~에 의거해서
年龄	niánlíng	[명] 연령, 나이
眼睛	yǎnjing	[명] 눈
模样	múyàng	[명] 모양, 모습
决定	juédìng	[동] 결정하다
适合	shìhé	[동] 적합하다
用	yòng	[동] 쓰다, 사용하다
部分	bùfen	[명] 부분, 일부
圆	yuán	[형] 둥글다
因为	yīnwèi	[접] ~때문에
让	ràng	[동] ~하게 하다
漂亮	piàoliang	[형] 예쁘다
简单	jiǎndān	[형] 간단하다
短	duǎn	[형] 짧다
缺点	quēdiǎn	[명] 결점, 단점
容易	róngyì	[형] 쉽다, 용이하다

开线	kāi xiàn	[동] 실밥이 터지다
建议	jiànyì	[동] 건의하다, 제안하다
部位	bùwèi	[명] 부위
流血	liú xuè	[동] 피가 나다
恢复	huīfù	[동] 회복하다
快	kuài	[형] 빠르다

회화 1 双眼皮手术(쌍꺼풀 수술) 1

환자에 맞는 매몰법 쌍꺼풀 수술을 하려고 한다

患 者: 您好! 您看我能做双眼皮手术吗?

Nín hǎo! Nín kàn wǒ néng zuò shuāngyǎnpí shǒushù ma?

医 生: 您的左眼比右眼小, 能做双眼皮手术。

Nín de zuǒyǎn bǐ yòuyǎn xiǎo, néng zuò shuāngyǎnpí shǒushù.

患 者: 我是做切开法, 还是做埋线法呢?

Wǒ shì zuò qiēkāifǎ, háishi zuò máixiànfǎ ne?

医 生: 根据年龄和眼睛模样的不同来决定。

Gēnjù niánlíng hé yǎnjing múyàng de bù tóng lái juédìng.

患 者: 我适合什么手术?

Wǒ shìhé shénme shǒushù?

医 生: 您适合用埋线法。

Nín shìhé yòng máixiànfǎ.

患 者: 手术难不难?

Shǒushù nán bu nán?

医 生: 不难, 做完手术, 你的眼睛会看起来又大又圆的。

Bù nán, zuò wán shǒushù, nǐ de yǎnjing huì kàn qǐlái yòu dà yòu yuán de.

회화 2 双眼皮手术(쌍꺼풀 수술) 2

환자에 맞는 부분절개법 쌍꺼풀 수술을 하려고 한다

医 生: 想做双眼皮手术, 是吗?
Xiǎng zuò shuāngyǎnpí shǒushù, shì ma?

患 者: 是的。因为我眼小, 想让自己眼睛变得漂亮点。
Shì de. Yīnwèi wǒ yǎn xiǎo, xiǎng ràng zìjǐ yǎnjing biàn de piàoliang diǎn.
听说埋线法的手术很简单, 手术时间很短。
Tīngshuō máixiànfǎ de shǒushù hěn jiǎndān, shǒushù shíjiān hěn duǎn.

医 生: 对。但缺点是比切开法手术后容易开线。
Duì. Dàn quēdiǎn shì bǐ qiēkāifǎ shǒushù hòu róngyì kāi xiàn.

患 者: 您建议我做什么手术?
Nín jiànyì wǒ zuò shénme shǒushù?

医 生: 部分切开法。因为它切开的部位小, 流血少,
Bùfen qiēkāifǎ. Yīnwèi tā qiēkāi de bùwèi xiǎo, liú xuè shǎo,
手术时间也短, 而且恢复时间快。
shǒushù shíjiān yě duǎn, érqiě huīfù shíjiān kuài.
手术后一个星期就可以工作了。
Shǒushù hòu yí ge xīngqī jiù kěyǐ gōngzuò le.

어법

1. '比'의 비교급 용법

기본 형식은 'A + 比 + B + 형용사/동사구'로 'A는 B보다 ~하다'의 뜻을 나타낸다.

您的左眼比右眼小。 당신은 왼쪽 눈이 오른쪽 눈보다 작다.
Nín de zuǒ yǎn bǐ yòu yǎn xiǎo.

他比我更喜欢你。 나보다 그가 더 당신을 좋아한다.
Tā bǐ wǒ gèng xǐhuan nǐ.

但缺点是比切开法手术后容易开线。
Dàn quēdiǎn shì bǐ qiēkāifǎ shǒushù hòu róngyì kāixiàn.
그러나 절개법보다 수술 후에 실밥이 쉽게 터진다는 단점이 있다.

2. 선택의문문 '还是'의 용법

'还是'는 '또는, 아니면'의 뜻으로 평서문에서 '是'와 호응하여 몇 가지 선택 상황 중에서 하나를 선택하는 의문문에 쓰인다.

你(是)去中国, 还是去香港? 넌 중국에 가니 아니면 홍콩에 가니?
Nǐ (shì) qù Zhōngguó, háishi qù Xiānggǎng?

我(是)做切开法, 还是做埋线法呢?
Wǒ (shì) zuò qiēkāifǎ, háishi zuò máixiànfǎ ne?
절개법으로 합니까 아니면 매몰법으로 합니까?

3. '又 … 又'의 용법

- ' ~하기도 하고 ~하기도 하다'의 뜻으로 '又' 뒤에 형용사와 동사를 사용할 수 있으며 동시 상황을 나타낸다.

这件衣服又好看又便宜。 이 옷은 예쁘고 저렴하다.
Zhè jiàn yīfu yòu hǎokàn yòu piányi.

你的眼睛会看起来又大又圆的。 당신 눈이 크고 둥글게 보인다.
Nǐ de yǎnjing huì kàn qǐlái yòu dà yòu yuán de.

今天又刮风又下雨。 오늘은 바람이 불고 비가 내린다.
Jīntiān yòu guā fēng yòu xià yǔ.

他又学汉语又工作。 그는 중국어 공부를 하면서 일을 한다.
Tā yòu xué Hànyǔ yòu gōngzuò.

- ' ~하기도 하나, ~하기도 하다'의 뜻으로 모순과 역접의 관계를 나타내기도 한다.

我又高兴, 又吃惊。 나는 기쁘기도 하고 놀랍기도 하다.
Wǒ yòu gāoxìng, yòu chījīng.

교체 연습

1.

我的	左眼	比	右眼	小。
Wǒ de	zuǒyǎn	bǐ	yòuyǎn	xiǎo.
	左手		右手	大
	zuǒshǒu		yòushǒu	dà
	左脚		右脚	长
	zuǒjiǎo		yòujiǎo	cháng

2.

你是	做	切开法,	还是	做	埋线法?
Nǐ shì	zuò	qiēkāifǎ,	háishi	zuò	máixiànfǎ?
	喝	茶		喝	咖啡
	hē	chá		hē	kāfēi
	主治	医生		实习	大夫
	zhǔzhì	yīshēng		shíxí	dàifu

3.

想	让	自己	眼睛	变得	漂亮点。
Xiǎng	ràng	zìjǐ	yǎnjing	biàn de	piàoliang diǎn.
			工作		轻松点
			gōngzuò		qīngsōng diǎn
			身体		更好点
			shēntǐ		gèng hǎo diǎn

보충 단어

脚	jiǎo	[명] 발, 다리
长	cháng	[형] 길다
实习	shíxí	[명] 실습
大夫	dàifu	[명] 의사
轻松	qīngsōng	[형] 가볍다
身体	shēntǐ	[명] 몸, 신체

연습 문제

1. 다음 발음을 읽고 중국어로 쓰세요.

qiēkāifǎ	máixiànfǎ	niánlíng
yǎnjing	kāixiàn	múyàng
juédìng	shìhé	huīfù
jiǎndān	quēdiǎn	jiànyì

2. 다음을 읽고 발음을 쓰세요.

1) 左眼比右眼小。

⇨ ______________________________.

2) 根据眼睛模样的不同来决定。

⇨ ______________________________.

3) 让自己眼睛变得漂亮点。

⇨ ______________________________.

4) 手术时间也短，而且恢复时间快。

⇨ ______________________________.

3. 다음 질문에 알맞은 대답을 쓰세요.

1) A: 手术难不难?

B: ____。

2) A: 我能做双眼皮手术吗?

B: ____。

3) A: 您建议我做什么手术?

B: ____。

4) A: 我是做切开法, 还是做埋线法呢?

B: ____。

4. 다음 문장을 중국어로 번역하세요.

1) 수술 후 일주일이면 일할 수 있습니다.

⇨ ____。

2) 당신은 매몰법이 적합합니다.

⇨ ____。

3) 당신 눈이 크고 둥글게 보일 거예요.

⇨ ____?

4) 절개법보다 수술 후에 실밥이 쉽게 터집니다.

⇨ ____。

보충 용어

※ 切开法(qiēkāifǎ): 절개법은 가장 흔히 사용하는 쌍거풀 수술로 눈꺼풀 위의 원하는 높이와 모양으로 선을 정할 수 있고, 그 선에 따라 절개해서 피부, 지방, 근육을 잘라내는 수술법입니다. 절개법은 환자 눈의 모양에 맞춰 다양한 쌍꺼풀을 만들 수 있다는 점과 풀리지 않는다는 장점이 있지만, 수술 흉터가 조금 남고, 비교적 수술시간이 길고, 4일 후쯤에 실밥을 제거해야 된다는 단점이 있습니다.

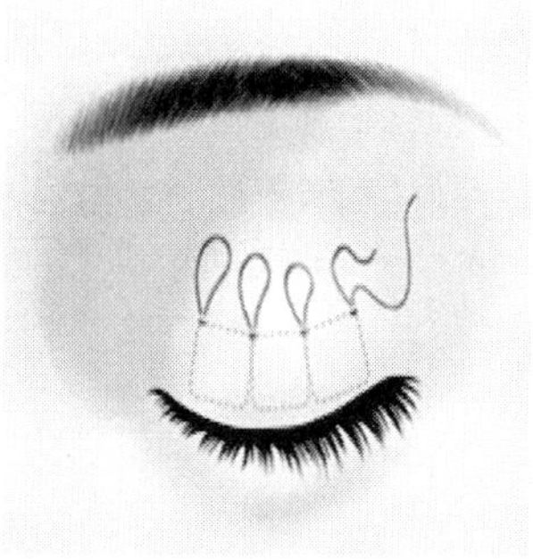

※ 埋线法(máixiànfǎ): 매몰법은 쌍거풀 선을 얇게 절개해서 봉합사로 쌍꺼풀 선을 고정시키는 방법입니다. 2~4개의 작은 구멍으로만 진행하는 수술방법으로 실은 뺄 필요가 없고, 붓기가 오래 가지 않으며, 눈꺼풀이 얇고 처진 경우에 효과적이며 절개흉터 없이 자연스럽게 된다는 장점이 있습니다.

※ 部分切开法(bùfenqiēkāifǎ): 절개법과 매몰법의 단점을 보완하고 지방 제거를 함께하는 수술방법으로 흉터와 풀어짐은 최소화시키고 두툼한 눈매 고민까지 해결할 수 있는 2~3mm 크기의 작은 절개만으로 지방과 연부 조직을 제거하고 눈꺼풀 피부와 눈을 뜨게 하는 근육을 봉합하는 방법입니다.

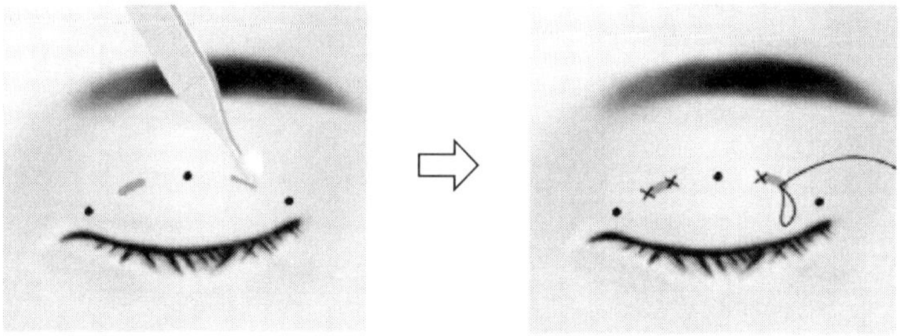

第9课

整形外科诊疗
(성형외과 진료) 2

第 9 课 整形外科诊疗(성형외과 진료) 2

요점 내용

1. 我的鼻梁太低了，想隆高一点。
Wǒ de bíliáng tài dī le, xiǎng lóng gāo yìdiǎn.
내 콧등이 너무 낮아서 좀 높이고 싶어요.

2. 注射隆鼻效果可以保持多长时间?
Zhùshè lóngbí xiàoguǒ kěyǐ bǎochí duō cháng shíjiān?
주사로 코를 높이는 효과는 얼마나 유지할 수 있나요?

3. 常用的有膨体和硅胶等。
Cháng yòng de yǒu péngtǐ hé guījiāo děng.
자주 사용하는 고어텍스와 실리콘겔 등이 있습니다.

4. 如鼻中隔软骨或耳朵软骨等都是 … 好材料。
Rú bízhōnggé ruǎngǔ huò ěrduo ruǎngǔ děng dōu shì … hǎo cáiliào.
예를 들면 비중격연골 혹은 귀연골 등 모두 ~ 좋은 재료이다.

단어

隆鼻	lóngbí	[동] (성형 수술로) 코를 높이다
鼻梁	bíliáng	[명] 콧날, 콧등
简单	jiǎndān	[형] 간단하다
玻尿酸	bōniàosuān	[명] 히알루론산(성형용 필러의 주성분)
注射	zhùshè	[동] 주사하다
方法	fāngfǎ	[명] 방법, 수단
操作	cāozuò	[동] 조작하다, 다루다
比较	bǐjiào	[부] 비교적, 상대적으로
维持	wéichí	[동] 유지하다, 지키다
效果	xiàoguǒ	[명] 효과
保持	bǎochí	[동] 유지하다
多长时间	duō cháng shíjiān	[부] 얼마 동안
假体	jiǎtǐ	[동] 보형물
填充物	tiánchōngwù	[명] 충전물
垫	diàn	[동] 채우다, 메우다
材料	cáiliào	[명] 재료, 자료
膨体	péngtǐ	[명] 고어텍스
硅胶	guījiāo	[명] 실리콘겔

便宜	piányi	[형] 싸다
制作	zhìzuò	[동] 제조하다, 만들다
目前	mùqián	[명] 지금, 현재
除了…之外	chúle … zhīwài	[형] ~를 제외하고, ~이외에
自体软骨	zì tǐ ruǎngǔ	[명] 자가 연골
组织	zǔzhī	[명] 조직, 계통
鼻中隔	bízhōnggé	[명] 비중격
耳朵	ěrduo	[명] 귀

회화 1 隆鼻手术(코 높임 수술) 1
환자가 코를 높이려고 상담하고 있다

医 生: 您是想做隆鼻手术吗?
Nín shì xiǎng zuò lóngbí shǒushù ma?

病 人: 是的。我的鼻梁太低了, 想隆高一点。
Shì de. Wǒ de bíliáng tài dī le, xiǎng lóng gāo yìdiǎn.
有没有又快又简单的隆鼻手术?
Yǒu méiyǒu yòu kuài yòu jiǎndān de lóngbí shǒushù?

医 生: 有, 最常用的是玻尿酸注射隆鼻方法。
Yǒu, zuì chángyòng de shì bōniàosuān zhùshè lóngbí fāngfǎ.
操作比较简单, 但是维持效果时间比较短。
Cāozuò bǐjiào jiǎndān, dànshì wéichí xiàoguǒ shíjiān bǐjiào duǎn.

病 人: 注射隆鼻效果可以保持多长时间?
Zhùshè lóngbí xiàoguǒ kěyǐ bǎochí duō cháng shíjiān?

医 生: 注射一次可以保持半年到一年的时间。
Zhùshè yí cì kěyǐ bǎochí bàn nián dào yì nián de shíjiān.

病 人: 医生, 手术需要多长时间?
Yīshēng, shǒushù xūyào duō cháng shíjiān?

医 生: 很短, 不到十分钟。
Hěn duǎn, bú dào shí fēnzhōng.

회화 2 隆鼻手术(코 높임 수술) 2

코 높이는 성형에 사용할 재료를 상담하고 있다

病 人: 请问假体隆鼻手术是什么手术?
Qǐngwèn jiǎtǐ lóngbí shǒushù shì shénme shǒushù?

医 生: 用一种填充物来垫高鼻梁。
Yòng yì zhǒng tiánchōngwù lái diàn gāo bíliáng.

病 人: 用什么材料做假体?
Yòng shénme cáiliào zuò jiǎtǐ?

医 生: 有很多种, 常用的有膨体和硅胶等。
Yǒu hěn duō zhǒng, cháng yòng de yǒu péngtǐ hé guījiāo děng.
不过硅胶比较便宜, 制作简单是目前最常用的假体。
Búguo guījiāo bǐjiào piányi, zhìzuò jiǎndān shì mùqián zuì chángyòng de jiǎtǐ.

病 人: 除了这些材料之外, 还有其他的吗?
Chúle zhè xiē cáiliào zhīwài, hái yǒu qītā de ma?

医 生: 有, 可以用自体软骨组织。如鼻中隔软骨或耳朵
Yǒu, kěyǐ yòng zì tǐ ruǎngǔ zǔzhī. Rú bízhōnggé ruǎngǔ huò ěrduo
软骨等都是整形鼻子的好材料。
ruǎngǔ děng dōu shì zhěngxíng bízi de hǎo cáiliào.

어법

1. '太 … 了'의 강조 용법

'太 + 형 + 了' 형식으로 '너무(매우) ~하다'의 뜻으로, 정도를 나타내고 싶을 때 '很'보다는 의미가 강한 '太 … 了'를 사용한다.

工作太累了。 일이 너무 힘들다.
Gōngzuò tài lèi le.

天气太冷了。 날씨가 너무 춥다.
Tiānqì tài lěng le.

我的鼻梁太低了。 내 콧등이 너무 낮다.
Wǒ de bíliáng tài dī le.

2. 시량보어

어떤 동작이나 상태가 얼마 동안 지속되는지를 묻는 의문문

- '주어 + 동사 + 多长时间?' 형식

手术需要多长时间? 수술은 얼마나 걸립니까?
Shǒushù xūyào duō cháng shíjiān?

注射隆鼻效果可以保持多长时间?
Zhùshè lóngbí xiàoguǒ kěyǐ bǎochí duō cháng shíjiān?
주사로 코를 높이는 효과는 얼마나 유지할 수 있습니까?

- '주어 + 동사 + (了) + 시량보어' 형식

手术做了十分钟。 수술은 10분 걸렸다.
Shǒushù zuò le shí fēnzhōng.

她预习了两个小时。 그녀는 두 시간 동안 예습했다.
Tā yùxí le liǎng ge xiǎoshí.

- '주어 + 동사(了) + 시량보어 + 목적어' 형식

她听了一个小时的音乐。 그녀는 한 시간 동안 음악을 들었다.
Tā tīng le yí ge xiǎoshí de yīnyuè.

注射一次可以保持半年到一年的时间。
Zhùshè yí cì kěyǐ bǎochí bàn nián dào yì nián de shíjiān.
한번 주사하면 6개월에서 1년간 유지할 수 있다.

3. 동량사

동작의 횟수를 나타내는 양사로, 동사 뒤에 위치하여 동량보어 역할을 한다. 자주 쓰이는 동량사로 '次' '趟' '遍' '下' '场' '顿' 등이 있다. '주어 + 동사 + 동량사 + 목적어' 형식으로 쓰인다.

我得去一趟学校。 나는 학교를 한번 갔다 와야 한다.
Wǒ děi qù yí tàng xuéxiào.

晚上下了一场大雪。 저녁에 한차례 큰눈이 내렸다.
Wǎnshang xià le yì chǎng dà xuě.

注射一次可以保持 … 。 한번 주사하면 ~ 유지할 수 있어요.
Zhùshè yí cì kěyǐ bǎochí….

교체 연습

1.

又	快	又	简单 的	隆鼻手术。
Yòu	kuài	yòu	jiǎndān de	lóngbí shǒushù?
	好		便宜	衣服
	hǎo		piányi	yīfu
	快		安全	技术
	kuài		ānquán	jìshù

2.

手术	需要	多长时间?
Shǒushù	xūyào	duō cháng shíjiān?
检查		
Jiǎnchá		
治疗		
Zhìliáo		

3.

除了	这些	材料	之外,	还有其他的吗?
Chúle	zhè xiē	cáiliào	zhīwài,	hái yǒu qītā de ma?
		款式		
		kuǎnshì		
		工具		
		gōngjù		

보충 단어

安全	ānquán	[형] 안전하다
技术	jìshù	[명] 기술
款式	kuǎnshì	[명] 스타일
工具	gōngjù	[명] 도구, 공구

연습 문제

1. 다음 발음을 읽고 중국어로 쓰세요.

lóngbí	bíliáng	jiǎndān
zhùshè	wéichí	fāngfǎ
cāozuò	tiánchōngwù	cáiliào
xiàoguǒ	guījiāo	zǔzhī

2. 다음 ( ) 안에 '隆鼻' '比较' '又'를 넣고 해석하세요.

1) 有没有(　　　)快(　　　)简单的隆鼻手术?

⇨ ______________________________?

2) 操作(　　　)简单, 但是维持效果时间(　　　)短。

⇨ ______________________________。

3) 最常用的是玻尿酸注射(　　　)方法。

⇨ ______________________________。

4) 硅胶(　　　)便宜, 制作简单是目前最常用的假体。

⇨ ______________________________。

3. 다음 대답에 알맞은 의문문을 쓰세요.

1) A: ______________________________?
B: 是的。我的鼻梁太低了。

2) A: ______________________________?
B: 常用的有膨体和硅胶等。

3) A: ______________________________?
B: 可以保持半年到一年的时间。

4) A: ______________________________?
B: 有，可以用自体软骨组织。

4. 다음 문장을 중국어로 번역하세요.

1) 코 높이는 수술을 하려고 하나요?
⇨ ______________________________?

2) 자가연골 조직은 코를 성형하는 데 좋은 재료입니다.
⇨ ______________________________。

3) 충전물을 사용해서 콧등을 높게 메우는 겁니다.
⇨ ______________________________。

4) 시술이 간단하지만, 효과가 지속되는 시간은 비교적 짧아요.
⇨ ______________________________。

보충 용어

开内眼角	kāi nèiyǎnjiǎo	앞트임
开外眼角	kāi wàiyǎnjiǎo	뒤트임
注射隆鼻	zhùshè lóngbí	코 필러
去痣	qù zhì	점 제거
切除眼袋	qiēchú yǎndài	눈 밑 지방 제거
丰胸	fēngxiōng	가슴 확대
隆胸	lóngxiōng	유방 확대
鼻尖整形	bíjiān zhěngxíng	코끝 성형
短鼻延长	duǎn bí yáncháng	짧은 코 연장
去除脂肪	qùchú zhīfáng	지방 제거
毛发移植	máofà yízhí	모발이식
眉毛移植	méimao yízhí	눈썹 이식
腋臭去除	yèchòu qùchú	암내 제거
疤痕整形	bāhén zhěngxíng	흉터 성형
鼻翼缩小术	bíyì suōxiǎoshù	콧방울 축소술
鼻孔缩小术	bíkǒng suōxiǎoshù	콧구멍 축소술

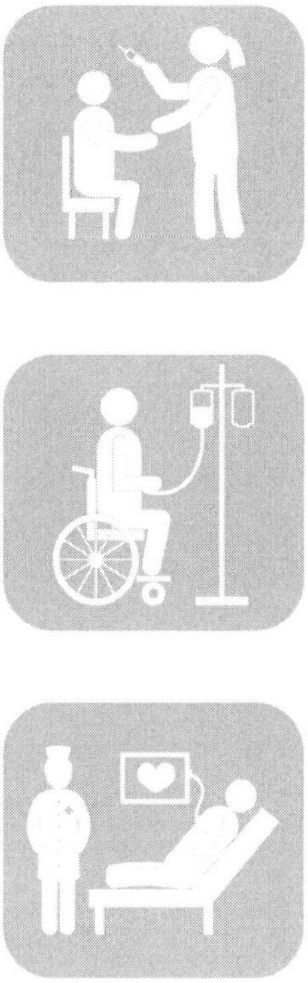

第10课

皮肤科诊疗(피부과 진료) 1

第10课 皮肤科诊疗(피부과 진료) 1

요점 내용

1. 我脸上长了很多红肿的青春痘怎么办?
   Wǒ liǎn shang zhǎng le hěn duō hóng zhǒng de qīngchūndòu zěnme bàn?
   얼굴에 빨갛게 부은 여드름이 많이 생겼는데 어떻게 해야 하나요?

2. 让我检查一下, 看看痤疮部位。
   Ràng wǒ jiǎnchá yíxià, kànkan cuóchuāng bùwèi.
   제가 여드름 부위를 좀 검사해 보겠습니다.

3. 这种跟饮食、生活环境、作息有关。
   Zhè zhǒng gēn yǐnshí、shēnghuó huánjìng、zuòxī yǒu guān.
   이러한 현상은 음식, 생활환경, 일, 휴식과 관계가 있습니다.

4. 不可用手挤脸, 以免留下疤痕。
   Bù kě yòng shǒu jǐ liǎn, yǐmiǎn liúxià bāhén.
   흉터가 남지 않도록 손으로 얼굴을 짜지 말아야 합니다.

단어

长	zhǎng	[동] 나다, 생기다
红肿	hóngzhǒng	[동] 피부가 빨갛게 붓다
青春痘	qīngchūndòu	[명] 여드름
厉害	lìhai	[형] 대단하다, 굉장하다
背	bèi	[명] 등
痒	yǎng	[형] 가렵다, 간지럽다
阳光	yángguāng	[명] 태양
好像	hǎoxiàng	[부] 마치 ~과 같다
痤疮	cuóchuāng	[명] 여드름
特应性	tèyīngxìng	[명] 아토피성
皮肤炎	pífūyán	[명] 피부염
属于	shǔyú	[동] ~에 속하다
饮食	yǐnshí	[명] 음식
环境	huánjìng	[명] 환경
作息	zuòxī	[동] 일하고 휴식하다
保持	bǎochí	[동] 유지하다, 지키다
清洁	qīngjié	[형] 깨끗하다, 청결하다
涂抹	túmǒ	[동] 칠하다, 바르다

面霜	miànshuāng	[명] 크림
挤	jǐ	[동] 짜다
以免	yǐmiǎn	[접] ~하지 않도록, ~않기 위해서
留下	liú xià	[동] 남기다, 남다
疤痕	bāhén	[명] 흉터, 상처
避免	bìmiǎn	[동] 피하다, 면하다
油腻	yóunì	[형] 기름지다
刺激性	cìjīxìng	[명] 자극성

회화 1 青春痘治疗(여드름 치료) 1

25세 젊은이가 피부 진료를 받고 있다

病 人: 我脸上长了很多红肿的青春痘怎么办?
Wǒ liǎn shang zhǎng le hěn duō hóng zhǒng de qīngchūndòu zěnme bàn?

医 生: 你今年多大了? 从什么时候开始长青春痘的?
Nǐ jīnnián duō dà le? Cóng shénme shíhou kāishǐ zhǎng qīngchūndòu de?

病 人: 25岁。从高中长到大一就没长了, 不过最近
Èrshí wǔ suì. Cóng gāozhōng zhǎng dào dà yī jiù méi zhǎng le, búguò zuìjìn
一个月长得很厉害, 连背上也长, 而且很痒。
yí ge yuè zhǎng de hěn lìhai, lián bèi shang yě zhǎng, érqiě hěn yǎng.

医 生: 你有没有阳光过敏?
Nǐ yǒu méiyǒu yángguāng guòmǐn?

病 人: 好像没有。
Hǎoxiàng méiyǒu.

医 生: 让我检查一下, 看看痤疮部位。
Ràng wǒ jiǎnchá yíxià, kànkan cuóchuāng bùwèi.

회화 2 青春痘治疗(여드름 치료) 2

의사는 시진과 촉진 검사를 통해 성인 여드름임을 확인

医 生: 你的皮肤红肿，不是特应性皮肤炎。也不是
Nǐ de pífū hóng zhǒng, bú shì tèyīngxìng pífū yán. Yě bú shì
青春期长的青春痘，是属于“成人痘”。
qīngchūnqī zhǎng de qīngchūndòu, shì shǔyú “chéngrén dòu”.
这种跟饮食、生活环境、作息有关。
Zhè zhǒng gēn yǐnshí、shēnghuó huánjìng、zuòxī yǒuguān.

病 人: 对，最近我工作压力很大。要怎么治疗？
Duì, zuìjìn wǒ gōngzuò yālì hěn dà. Yào zěnme zhìliáo?

医 生: 要保持清洁，涂抹除痘面霜。不可用手挤脸，
Yào bǎochí qīngjié, túmǒ chú dòu miànshuāng. Bù kě yòng shǒu jǐ liǎn,
以免留下疤痕。还有要避免油腻和刺激性食物。
yǐmiǎn liú xià bāhén. Hái yǒu yào bìmiǎn yóunì hé cìjīxìng shíwù.

病 人: 好，知道了。
Hǎo, zhīdào le.

어법

1. '连 … 都(也)'의 용법

'~조차도 ~하다, 심지어 ~하다'는 뜻을 나타내고, '连'은 '都(也)'와 호응하여 쓸 수 있으며, 连은 생략하고 '也' '都'만 쓸 수 있다.

他连游泳都不会。 그는 수영조차 할 줄 모른다.
Tā lián yóuyǒng dōu bú huì.

连背上也长, 而且很痒。 등에도 생기고, 또한 가렵다.
Lián bèi shang yě zhǎng, érqiě hěn yǎng.

这样的事, 我想都没想过。 이런 일을 나는 전혀 생각도 못했다.
Zhèyàng de shì, wǒ xiǎng dōu méi xiǎng guo.

2. 겸어문 '让'의 용법

겸어문은 '주어 + 동사1 + 겸어(동사2의 주어) + 동사2'의 형식으로 동사1의 목적어가 동사2의 주어를 겸하는 문장을 말한다. '让'은 '~하게 하다, ~하도록 시키다'는 뜻을 나타낸다.

他让我学习。 그는 나에게 공부하라고 했다.
Tā ràng wǒ xuéxí.

爸爸让我接电话。 아빠는 나보고 전화를 받으라고 했다.
Bàba ràng wǒ jiē diànhuà.

让我检查一下，看看痤疮部位。
Ràng wǒ jiǎnchá yíxià, kànkan cuóchuāng bùwèi.
제가 여드름 부위를 좀 검사해 보겠습니다.

3. '跟 … 有关'의 용법

'A跟B有关'은 'A는 B와 관련이 있다'는 뜻을 나타낸다.

这种病都跟吸烟有关。 이런 병은 모두 흡연과 관련이 있다.
Zhè zhǒng bìng dōu gēn xī yān yǒuguān.

这种跟饮食、生活环境、作息有关。
Zhè zhǒng gēn yǐnshí、shēnghuó huánjìng、zuòxī yǒuguān.
이것은 음식, 생활환경, 휴식과 관계가 있다.

4. '以免'의 용법

접속사 '以免'은 '~하지 않도록, ~않기 위해서'의 뜻을 나타낸다.

涂抹防晒霜，以免损伤皮肤。
Túmǒ fángshàishuāng, yǐmiǎn sǔnshāng pífū.
피부가 상하지 않도록 자외선차단제를 발라야 한다.

不可用手挤脸，以免留下疤痕。
Bù kě yòng shǒu jǐ liǎn, yǐmiǎn liú xià bāhén.
흉터가 남지 않도록 손으로 얼굴을 짜지 말아야 한다.

교체 연습

1.

青春痘	从	高中	长	到	大一	就没长了。
Qīngchūndòu	cóng	gāozhōng	zhǎng	dào	dà yī	jiù méi zhǎng le.
作业		早上	写		下午	还没写完
Zuòyè		zǎoshang	xiě		xiàwǔ	hái méi xiě wán
早餐		9点	吃		10点	还没吃完
Zǎocān		jiǔ diǎn	chī		shí diǎn	hái méi chī wán

2.

最近	长 得	很厉害,	连	背上	也	长 了。
Zuìjìn	zhǎng de	hěn lìhai,	lián	bèi shang	yě	zhǎng le.
	病			头发		掉
	bìng			tóufa		diào
	痛			觉		不能睡
	tòng			jiào		bù néng shuì

3.

有	没有	阳光	过敏?
Yǒu	méiyǒu	yángguāng	guòmǐn?
		食物	中毒?
		shíwù	zhòngdú?
		皮肤	病变?
		pífū	bìngbiàn?

보충 단어

作业	zuòyè	[명] 과제
头发	tóufa	[명] 머리카락
睡觉	shuì jiào	[동] (잠을) 자다
食物	shíwù	[명] 음식물
中毒	zhòngdú	[명] 중독
病变	bìngbiàn	[명] 병리상의 변화

연습 문제

1. 다음 발음을 읽고 중국어로 쓰세요.

hóngzhǒng	qīngchūndòu	lìhai
yángguāng	hǎoxiàng	cuóchuāng
tèyīngxìng	pífuyán	huánjìng
cìjīxìng	bāhén	qīngjié

2. 다음을 읽고 발음을 쓰세요.

1) 最近一个月长得很厉害，连背上也长。

⇨ ______________________________.

2) 让我检查一下，看看痤疮部位。

⇨ ______________________________.

3) 不可用手挤脸，以免留下疤痕。

⇨ ______________________________.

4) 还有要避免油腻和刺激性食物。

⇨ ______________________________.

3. 다음 질문에 알맞은 대답을 쓰세요.

1) A: 青春痘怎么办?

B: ________________________________。

2) A: 从什么时候长青春痘的?

B: ________________________________。

3) A: 你有没有阳光过敏?

B: ________________________________。

4) A: 要怎么治疗?

B: ________________________________。

4. 다음 문장을 중국어로 번역하세요.

1) 얼굴에 빨갛게 부은 여드름이 많이 생겼습니다.

⇨ ____。

2) 흉터가 남지 않도록 손으로 얼굴을 짜지 말아야 합니다.

⇨ ____。

3) 이러한 현상은 음식, 생활환경, 일, 휴식과 관계가 있습니다.

⇨ ____。

4) 청춘기에 생기는 여드름이 아니고, 성인 여드름에 속합니다.

⇨ ____。

보충 용어

剥皮	bō pí	박피
细纹	xìwén	잔주름
黑斑	hēibān	검은 반점
色斑	sèbān	기미
老年斑	lǎoniánbān	검버섯
抗衰老	kàng shuāilǎo	노화 관리
胶原蛋白	jiāoyuán dànbái	콜라겐
皮肤护理	pífū hùlǐ	피부 케어
皮肤瘙痒	pífū sàoyǎng	피부가 가렵다
皮肤弹性	pífū tánxìng	피부 탄력
护肤中心	hùfū zhōngxīn	피부미용 클리닉
水光净肤	shuǐguāng jìngfū	물광피부
面部红血丝	miànbù hóng xuèsī	안면홍조
去角质护理	qù jiǎozhì hùlǐ	각질 제거 케어

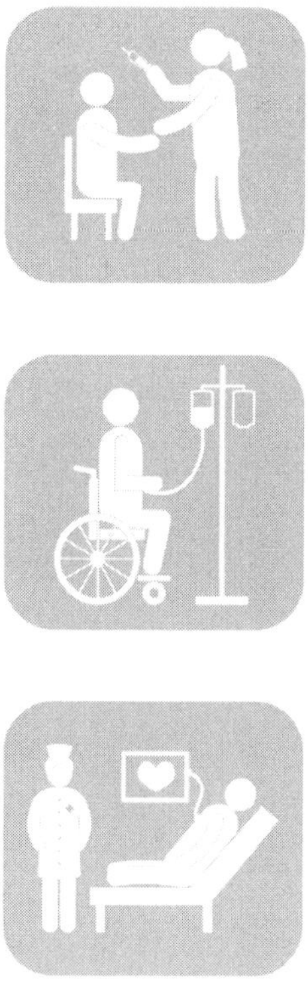

第11课

皮肤科诊疗(피부과 진료) 2

第11课 皮肤科诊疗(피부과 진료) 2

요점 내용

1. 我脸上的皱纹越来越多实在很苦恼。
Wǒ liǎn shang de zhòuwén yuè lái yuè duō shízài hěn kǔnǎo.
얼굴 주름이 점점 더 많아져서 정말로 괴롭습니다.

2. 难怪皮肤失去水分，产生干燥；弹性下降，产生皱纹。
Nánguài pífū shīqù shuǐfèn, chǎnshēng gānzào; tánxìng xiàjiàng,chǎnshēng zhòu wén.
어쩐지 피부에 수분이 없어 건조하고 탄력성이 떨어져서 생긴 주름입니다.

3. 有没有不动手术的治疗法？
Yǒu méiyǒu bú dòng shǒushù de zhìliáofǎ?
수술을 안 해도 되는 치료법이 있나요?

4. 肉毒素是最简单最有效的方法。
Ròudúsù shì zuì jiǎndān zuì yǒu xiào de fāngfǎ.
보톡스는 가장 간단하고 가장 효과적인 방법입니다.

단어

皱纹	zhòuwén	[명] 주름
越来越	yuè lái yuè	[부] 더욱더, 점점
苦恼	kǔnǎo	[형] 괴롭다
眼角	yǎnjiǎo	[명] 눈가
嘴角	zuǐjiǎo	[명] 입가
看起来	kàn qǐlái	[동] 보기에 ~하다
整个	zhěngge	[명] 온, 모든 것
面部	miànbù	[명] 얼굴, 안면
松弛	sōngchí	[형] 늘어지다, 느슨하다
户外	hùwài	[명] 집밖, 야외
晒太阳	shài tàiyang	[동] 햇볕을 쪼이다
吹风	chuī fēng	[동] 바람을 쏘이다
难怪	nánguài	[부] 어쩐지, 과연
失去	shīqù	[동] 잃다, 잃어버리다
水分	shuǐfèn	[명] 수분, 물기
产生	chǎnshēng	[동] 생기다, 발생하다
干燥	gānzào	[형] 건조하다
弹性	tánxìng	[명] 탄성, 탄력성

下降	xiàjiàng	[동] 하강하다, 내리다
肉毒素	ròudúsù	[명] 보톡스
瘦脸针	shòuliǎnzhēn	[명] 보톡스 주사
抑制	yìzhì	[동] 억제하다
肌肉	jīròu	[명] 근육
消除	xiāochú	[동] 없애다, 해소하다
有效	yǒu xiào	[형] 효과가 있다, 효력이 있다

회화 1 除皱(주름 제거) 1

얼굴 잔주름 제거 상담을 받고 있다

病 人: 我脸上的皱纹越来越多实在很苦恼。

Wǒ liǎn shang de zhòuwén yuè lái yuè duō shízài hěn kǔnǎo.

医 生: 让我看看。您眼角和嘴角都有些皱纹。

Ràng wǒ kànkan. Nín yǎnjiǎo hé zuǐjiǎo dōu yǒu xiē zhòuwén.

病 人: 对啊, 我今年才25岁, 但看起来像35岁。

Duì a, wǒ jīnnián cái èrshíwǔ suì, dàn kàn qǐlái xiàng sānshíwǔsuì.

医 生: 您的问题是整个面部松弛才会这样。

Nín de wèntí shì zhěngge miànbù sōngchí cái huì zhèyàng.

您经常在户外工作吗?

Nín jīngcháng zài hùwài gōngzuò ma?

病 人: 是的。我常晒太阳, 常吹风。

Shì de. Wǒ cháng shài tàiyáng, cháng chuī fēng.

医 生: 难怪皮肤失去水分, 产生干燥; 弹性下降, 产生皱纹。

Nánguài pífū shīqù shuǐfèn, chǎnshēng gānzào; tánxìng xiàjiàng, chǎnshēng zhòu wén.

회화 2 除皱(주름 제거) 2
보톡스로 얼굴 잔주름 제거 진료를 받는다

病　人: 那该怎么办啊? 有没有不动手术的治疗法?
Nà gāi zěnme bàn a? Yǒu méiyǒu bú dòng shǒushù de zhìliáofǎ?

医　生: 有, 打肉毒素就可以了。
Yǒu, dǎ ròudúsù jiù kěyǐ le.

病　人: 肉毒素就是瘦脸针吗?
Ròudúsù jiù shì shòuliǎnzhēn ma?

医　生: 是的。肉毒素是抑制肌肉的运动而消除皱纹,
Shì de. Ròudúsù shì yìzhì jīròu de yùndòng ér xiāochú zhòuwén,
是最简单最有效的方法。
shì zuì jiǎndān zuì yǒu xiào de fāngfǎ.

病　人: 打肉毒素以后, 可以正常上班吗?
Dǎ ròudúsù yǐhòu, kěyǐ zhèngcháng shàng bān ma?

医　生: 当然可以。
Dāngrán kěyǐ.

病　人: 一次手术能维持多久?
Yí cì shǒushù néng wéichí duōjiǔ?

医　生: 可以维持6个月左右。
Kěyǐ wéichí liù ge yuè zuǒyòu.

어법

1. '越来越 …'의 용법

'갈수록 ~하다'라는 뜻으로, 시간의 추이에 따라 정도가 심해짐을 나타내고, '越来越 + 형용사 + (了)' 형식으로 쓰인다.

他的病越来越重了。 그의 병은 점점 더 심해졌다.
Tā de bìng yuè lái yuè zhòng le.

我脸上的皱纹越来越多实在很苦恼。
Wǒ liǎn shang de zhòuwén yuè lái yuè duō shízài hěn kǔnǎo.
얼굴 주름이 점점 더 많아져서 정말로 괴롭다.

2. '有'자문

- '주어 + 有 + (수량사) + 목적어'의 형식으로 '가지고 있다'는 뜻이며 소유와 존재의 의미로 쓰인다.

  我有两张照片。 나는 사진 두 장이 있다.
  Wǒ yǒu liǎng zhāng zhàopiàn.

  公司前边有几个餐厅。 회사 앞에 식당 몇 개가 있다.
  Gōngsī qiánbian yǒu jǐ ge cāntīng.

您眼角和嘴角都有些皱纹。 눈가와 입가 모두 주름이 좀 있다.
Nín yǎnjiǎo hé zuǐjiǎo dōu yǒu xiē zhòuwén.

• '有'자문의 부정문과 의문문

我没有两张照片。 나는 사진 두 장이 없다.
Wǒ méiyǒu liǎng zhāng zhàopiàn.

有没有不动手术的治疗法? 수술하지 않아도 되는 치료법이 있습니까?
Yǒu méiyǒu bú dòng shǒushù de zhìliáofǎ?

3. '难怪'의 용법

'难怪'는 부사로 방금 전까지는 좀 이상하다고 생각했던 부분이 해소되는 의미로 '어쩐지, 과연'의 뜻을 나타낸다.

她的飞机登机时间快要到了, 难怪那么急急忙忙的。
Tā de fējī dēngjī shíjiān kuài yào dào le, nánguài nàme jíjímángmáng de.
그녀의 비행기 탑승시간이 거의 되어갑니다, 어쩐지 서두르더라.

难怪皮肤失去水分, 产生干燥。 어쩐지 피부에 수분이 없어 건조하다.
Nánguài pífū shīqù shuǐfèn, chǎnshēng gānzào.

교체 연습

1. 皱纹 越来越 多。
Zhòuwén yuè lái yuè duō.
头发 白
Tóufa bái
年纪 大
Niánjì dà

2. 有没有 不动手术 的治疗法?
Yǒu méiyǒu bú dòng shǒushù de zhìliáofǎ?
不吃药
bù chī yào
不花钱
bù huā qián

3. 常 吹风 难怪 皮肤失去水分。
Cháng chuī fēng nánguài pífū shīqù shuǐfèn.
他是中国人 汉语说得这么好
Tā shì Zhōngguórén Hànyǔ shuō de zhème hǎo
吃错东西 拉肚子
Chī cuò dōngxi lā dùzi

보충 단어

白	bái	[형] 희다
年纪	niánjì	[명] 연령, 나이
花	huā	[동] 쓰다
错	cuò	[형] 틀리다

연습 문제

1. 다음 발음을 읽고 중국어로 쓰세요.

zhòuwén	shàitàiyang	yǎnjiǎo
chǎnshēng	sōngchí	ròudúsù
gānzào	shuǐfèn	xiàjiàng
tánxìng	shòuliǎnzhēn	zuǐjiǎo

2. 다음을 읽고 발음을 쓰세요.

1) 整个面部松弛才会这样。

⇨ ______________________________.

2) 我常晒太阳, 常吹风。

⇨ ______________________________.

3) 肉毒素是最简单最有效的方法。

⇨ ______________________________.

4) 打肉毒素以后, 可以正常上班吗?

⇨ ______________________________.

3. 다음 질문에 알맞은 대답을 쓰세요.

1) A: 你经常在户外工作吗?
   B: ________________________________。

2) A: 有没有不动手术的治疗法?
   B: ________________________________。

3) A: 肉毒素就是瘦脸针吗?
   B: ________________________________。

4) A: 一次手术能维持多久?
   B: ________________________________。

4. 다음 문장을 중국어로 번역하세요.

1) 얼굴 주름이 점점 더 많아져서 정말로 괴롭습니다.
   ⇨ ________________________________。

2) 눈가와 입가 모두 주름이 좀 있습니다.
   ⇨ ________________________________。

3) 피부에 수분이 없고 건조해서 탄력성이 떨어집니다.
   ⇨ ________________________________。

4) 보톡스는 근육 운동을 억제해서 주름을 없애는 것입니다.
   ⇨ ________________________________。

보충 용어

颈纹	jǐng wén	목주름
唇纹	chún wén	입술주름
表情纹	biǎoqíng wén	표정주름
抬头纹	táitóuwén	이마주름살
川字纹	chuānzì wén	미간주름
鱼尾纹	yúwěi wén	눈가주름
鼻梁纹	bíliáng wén	콧잔등주름
八字皱纹	bāzì zhòuwén	팔자주름
蒙古皱纹	Měnggǔ zhòuwén	몽고주름
鼻唇沟皱纹	bíchúngōu zhòuwén	코 옆 파인 주름
用线拉皮术	yòng xiàn lāpíshù	실리프팅
皱纹切除术	zhòuwén qiēchúshù	주름 절제술
玻尿酸	bōniàosuān	히알루론산(성형용 필러의 주성분)
激光除皱纹手术	jīguāng chú zhòuwén shǒushù	레이저 주름 제거수술

第12课

出院手续(퇴원 수속)

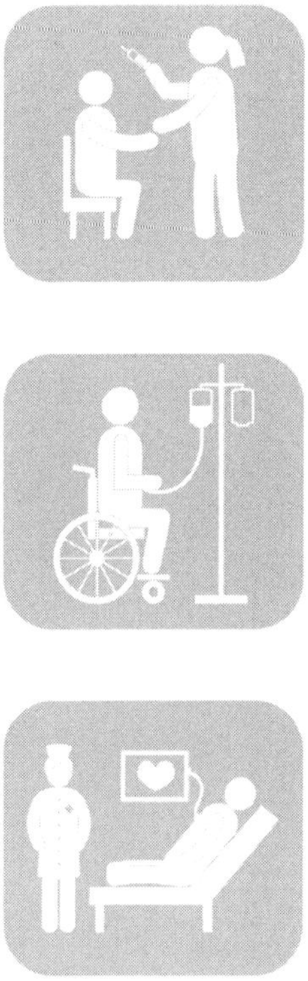

第12课 出院手续(퇴원 수속)

요점 내용

1. 要是没有太大的肿痛，明天就可以出院了。
Yàoshi méiyǒu tài dà de zhǒng tòng, míngtiān jiù kěyǐ chū yuàn le.
만약 붓기와 통증이 심하지 않으면, 내일 퇴원할 수 있습니다.

2. 比如晒太阳、揉眼睛或看手机什么的。
Bǐrú shài tàiyang、róu yǎnjing huò kàn shǒujī shénmede.
예를 들면 햇볕을 쬐거나 눈을 비비거나 혹은 핸드폰을 보거나 등등.

3. 请您拿这个单子去交费。
Qǐng nín ná zhè ge dānzi qù jiāo fèi.
이 명세서를 가지고 비용을 지불하세요.

4. 除了帐单以外，我还需要医生的诊断书。
Chúle zhàngdān yǐwài, wǒ hái xūyào yīshēng de zhěnduànshū.
계산서 외에 저는 의사 진단서도 필요합니다.

단어

什么时候	shénme shíhou	[대] 언제
肿痛	zhǒng tòng	[동] 부어오르고 아프다
出院	chū yuàn	[동] 퇴원하다
上班	shàng bān	[동] 출근하다
伤口	shāngkǒu	[명] 상처
注意	zhùyì	[동] 주의하다, 조심하다
事项	shìxiàng	[명] 사항
比如	bǐrú	[접] 예를 들면
揉	róu	[동] 손으로 비비다, 주무르다
手机	shǒujī	[명] 핸드폰
剧烈	jùliè	[형] 강렬하다, 격렬하다
单子	dānzi	[명] 명세서
交费	jiāo fèi	[동] 비용을 지불하다
手续	shǒuxù	[명] 수속, 절차
帐单	zhàngdān	[명] 계산서
支付	zhīfù	[동] 지불하다
信用卡	xìnyòngkǎ	[명] 신용카드

资料	zīliào	[명] 자료
帐单	zhàngdān	[명] 계산서
诊断书	zhěnduànshū	[명] 명진단서
份	fèn	[양] 부, 통, 권

회화 1 出院手续(퇴원 수속) 1

医 生: 今天觉得怎么样?
Jīntiān juéde zěnmeyàng?

患 者: 还有一点痛, 我什么时候可以出院?
Hái yǒu yìdiǎn tòng, wǒ shénme shíhou kěyǐ chū yuàn?

医 生: 伤口有点肿, 要是没有太大的肿痛,
Shāngkǒu yǒu diǎn zhǒng, yàoshi méiyǒu tài dà de zhǒng tòng,
明天就可以出院了。
míngtiān jiù kěyǐ chū yuàn le.

患 者: 太好了, 那我可以去上班吗?
Tài hǎo le, nà wǒ kěyǐ qù shàng bān ma?

医 生: 当然可以, 只是要注意一些事项,
Dāngrán kěyǐ, zhǐshì yào zhùyì yì xiē shìxiàng,
比如晒太阳、揉眼睛或看手机什么的。
bǐrú shài tàiyang、róu yǎnjing huò kàn shǒujī shénmede.
还有要多休息, 少做剧烈运动。
Hái yǒu yào duō xiūxi, shǎo zuò jùliè yùndòng.

회화 2 出院手续(퇴원 수속) 2

护 士: 今天医生说您可以出院了。
Jīntiān yīshēng shuō nín kěyǐ chū yuàn le.
请您拿这个单子去交费。
Qǐng nín ná zhè ge dānzi qù jiāo fèi.

家 属: 先生, 我们办出院手续。
Xiānsheng, wǒmen bàn chū yuàn shǒuxù.

职 员: 好的。这是您的帐单, 两百七十万。您怎么支付?
Hǎo de. Zhè shì nín de zhàngdān, liǎng bǎi qīshí wàn. Nín zěnme zhīfù?

家 属: 什么! 这么多, 用信用卡分三个月付吧。
Shénme! Zhème duō, yòng xìnyòngkǎ fēn sān ge yuè fù ba.

职 员: 您还需要什么资料?
Nín hái xūyào shénme zīliào?

家 属: 除了帐单以外, 我还需要医生的诊断书。
Chúle zhàngdān yǐwài, wǒ hái xūyào yīshēng de zhěnduànshū.

职 员: 好, 要几份?
Hǎo, yào jǐ fèn?

家 属: 两份。
Liǎng fèn.

어법

1. '要是 … 就 …'의 용법

가설관계를 나타내는 복문으로 '만약 ~하면, ~하다'의 뜻으로 쓰인다.

要是下雨，我就不去。　만약 비가 오면, 나는 안 갑니다.
Yàoshi xià yǔ, wǒ jiù bú qù.

要是没有太大的肿痛，明天就可以出院了。
Yàoshi méiyǒu tài dà de zhǒng tòng, míngtiān jiù kěyǐ chū yuàn le.
만약 붓기와 통증이 심하지 않으면, 내일 퇴원할 수 있다.

2. '… 什么的'의 용법

하나의 성분이나 몇 개의 병렬 성분 뒤에 쓰인다. 나열하는 말 마지막에 쓰여, '~등등(따위), ~같은 것, 기타 등등'의 의미로 쓰인다.

他喜欢打篮球什么的。　그는 농구 등을 하는 것을 좋아한다.
Tā xǐhuan dǎ lánqiú shénmede.

我喜欢看韩国电视剧什么的。 나는 한국 연속극 등을 보는 것을 좋아한다.
Wǒ xǐhuan kàn Hánguó diànshìjù shénmede.

比如晒太阳、揉眼睛或看手机什么的。
Bǐrú shài tàiyang、róu yǎnjing huò kàn shǒujī shénmede.
예를 들면 햇볕을 쬐거나, 눈을 비비거나 혹은 핸드폰을 보거나 등등

3. '除了 … (以外), 还 …'의 용법

- '~을 제외하고, 모두 ~'의 의미로 말하는 대상을 포함하지 않을 때 쓰인다.

除了他(以外), 都出去玩儿了。 그를 제외하고, 모두 놀러 나갔다.
Chúle tā (yǐwài), dōu chū qù wánr le.

除了他(以外), 三个人都没来。 그 외에, 세 명 모두 오지 않았다.
Chúle tā (yǐwài), sān ge rén dōu méi lái.

- '除了 … (以外), 还 / 也 …'는 ' ~외에는, 또 ~'라는 의미로 말하는 것 말고 또 다른 것이 있음을 나타낼 때 쓰인다.

除了中国, 我还去过日本和美国。
Chúle Zhōngguó, wǒ hái qù guo Rìběn hé Měiguó.
중국 외에 나는 또 일본과 미국을 가봤다.

除了帐单, 我还需要医生的诊断书。
Chúle zhàngdān, wǒ hái xūyào yīshēng de zhěnduànshū.
계산서 외에 저는 의사 진단서도 필요하다.

4. 중국 화폐 단위 읽기

8.86元	회화체	八块八毛六(分) bā kuài bā máo liù (fēn)
	문어체	八元八角六(分) bā yuán bā jiǎo liù (fēn)

1) '毛'나 '分'이 금액의 마지막 단위에 올 경우에는 생략할 수 있고, 금액 중간에 '0'단위가 올 경우에는 '零'을 넣어 읽어준다.

5.00元	五块 wǔ kuài
15.02元	十五块(零)二分 shíwǔ kuài (líng) èr fēn
88.70元	八十八块七(毛) bāshíbā kuài qī (máo)
108.38元	一百零八块三毛八(分) yì bǎi líng bā kuài sān máo bā(fēn)

2) '2'가 화폐 단위 앞에 단독으로 쓰일 때는 '两'으로 읽는다. '2'가 마지막에 쓰이면 '二'로 읽는다.

2元	两块 liǎng kuài	
2.20元	两块两毛 liǎng kuài liǎng máo	两块二 liǎng kuài èr
22.22元	二十二块两(二)毛二 èrshí'èr kuài liǎng(èr) máo èr	
22,000元	两万两千块 liǎng wàn liǎng qiān kuài	两万二 liǎng wàn èr

교체 연습

1.

要是	好一点,	就	可以	出院	了。
Yàoshi	hǎo yìdiǎn,	jiù	kěyǐ	chū yuàn	le.
	下雨		不	去	
	xià yǔ		bú	qù	
	没钱		不要	买	
	méi qián		bú yào	mǎi	

2.

请	不要	揉	眼睛	或	看	手机	什么的。
Qǐng	bú yào	róu	yǎnjing	huò	kàn	shǒujī	shénmede.
		吵	闹		大声	说话	
		chǎo	nào		dà shēng	shuō huà	
		吃	太咸		太辣		
		chī	tài xián		tài là		

3.

除了	帐单	以外,	还	需要	医生的诊断书。
Chúle	zhàngdān	yǐwài,	hái	xūyào	yīshēng de zhěnduànshū.
	笔试				口试
	bǐshì				kǒushì
	申请				交钱
	shēnqǐng				jiāo qián

보충 단어

吵闹	chǎonào	[동] 소란을 피우다
大声	dà shēng	[부] 큰 소리로
咸	xián	[형] 짜다
辣	là	[형] 맵다
笔试	bǐshì	[명] 필기시험
口试	kǒushì	[명] 구두시험
申请	shēnqǐng	[동] 신청하다
交钱	jiāo qián	[동] 돈을 내다

연습 문제

1. 다음 발음을 읽고 중국어로 쓰세요.

chū yuàn	shāngkǒu	zhùyì
shìxiàng	jùliè	zīliào
dānzi	jiāo fèi	shǒuxù
zhàngdān	zhěnduànshū	zhīfù

2. 다음 ( ) 안에 '交费' '一点' '只是' '要是'를 넣고 발음을 쓰세요.

1) (　　　)要注意一些事项。

⇨ ____.

2) 请您拿这个单子去(　　　)。

⇨ ____.

3) 伤口有(　　　)肿, 还有(　　　)痛。

⇨ ____.

4) (　　　)没有太大的肿痛, 明天就可以出院了。

⇨ ____.

3. 다음 질문에 알맞은 대답을 쓰세요.

1) A: 今天觉得怎么样?

B: ______________________________。

2) A: 您还需要什么资料?

B: ______________________________。

3) A: 我什么时候可以出院?

B: ______________________________。

4) A: 这是您的帐单，怎么支付?

B: ______________________________。

4. 다음 문장을 중국어로 번역하세요.

1) 의사선생님이 오늘 퇴원하셔도 된다고 하셨어요.

⇨ ______________________________。

2) 계산서 외에 저는 의사 진단서도 필요합니다.

⇨ ______________________________。

3) 휴식을 많이 하시고, 심한 운동은 적게 하세요.

⇨ ______________________________。

4) 예를 들면 햇볕을 쬐거나, 눈을 비비거나 등등

⇨ ______________________________。

보충 용어

介绍书	jièshàoshū	소개서
样式	yàngshì	형식
同意书	tóngyìshū	동의서
意见书	yì·jiànshū	의견서
诊疗申请书	zhěnliáo shēnqǐngshū	진료 신청서
诊疗费收据	zhěnliáofèi shōujù	진료비 영수증
医疗保险	yīliáo bǎoxiǎn	의료보험
社会保险	shèhuì bǎoxiǎn	사회보험
生命(人寿)保险	shēngmìng(rénshòu) bǎoxiǎn	생명보험
旅行者保险	lǚxíngzhě bǎoxiǎn	여행자보험
国民健康保险	guómín jiànkāng bǎoxiǎn	국민건강보험

본문 해석

01 진료 예약

회화 1

직원: 여보세요, 안녕하세요! 대림(大林) 피부과 병원입니다. 무엇을 도와드릴까요?

환자: 안녕하세요! 요즘 얼굴에 트러블이 많이 생겨서, 상담 좀 받으려고요.

직원: 시간을 예약해 드릴게요. 수요일 오전 10시 어떠세요?

환자: 안 됩니다. 일이 있어요.

직원: 목요일 오후 2시는 괜찮으세요?

환자: 괜찮습니다.

직원: 네. 예약 다 됐어요, 오실 때 화장하지 마세요.

회화 2

직원: 안녕하세요! 무엇을 도와드릴까요?

환자: 안녕하세요! 저는 친구 소개로 왔는데, 쌍꺼풀 수술하려고요.

직원: 당신은 이 병원에 처음 오셨나요?

환자: 네.

직원: 성명, 출생연월일, 주소, 전화번호를 기입해 주세요.

환자: 다 썼습니다. 오늘 의사선생님을 볼 수 있을까요?

직원: 오늘 예약이 모두 찼습니다. 내일 오전 11시에 오세요.

환자: 알겠습니다. 감사합니다. 내일 봐요.

02 고객 응대

회화 1

직원: 안녕하세요! 어서 오세요.

손님: 안녕하세요!

코디네이터: 안녕하세요! 오시느라 고생하셨습니다. 피곤하시죠?

손님: 천만에요. 피곤하지 않습니다.

코디네이터: 저를 따라오세요. 제가 소개하겠습니다. 여기는 성형외과센터이고, 저쪽에는 피부과, 치과와 안과가 있습니다.

손님: 건강검진센터는 어디인가요?

코디네이터: 2층으로 올라가시면 바로 앞에 있습니다.

회화 2

코디네이터: 안녕하세요? 성이 어떻게 되시나요?

환자: 저의 성은 김이고, 하은이라고 부릅니다. 만나서 반갑습니다.

코디네이터: 저도 만나서 반갑습니다. 저는 서미림이고, 여기 상담주임입니다. 당신은 코수술 때문에 오셨나요?

환자: 그렇습니다. 보기에 코가 조금 삐뚤어지지 않았나요?

코디네이터: 네. 조금 삐뚤어졌네요.

환자: 어느 분이 주치의입니까?

코디네이터: 이분입니다. 그는 이(순덕) 박사이십니다.

03 진료 상담

회화 1

의사: 안녕하세요! 어디가 불편하세요?

환자: 얼굴 주름이 많아서 주름 제거수술을 하고 싶어요.

의사: 당신은 올해 나이 몇인가요? 어떤 일을 하세요?

환자: 33세이고, 판매원이라 고객을 대하는 일이 잦습니다.

의사: 많은 일 스트레스 때문에 얼굴 부위에 주름이 많이 생긴 것 같아요.

환자: 그러면 저는 어떤 치료를 해야 하나요?

의사: 보톡스로 주름을 치료할 수 있어요.

회화 2

환자: 말씀 좀 묻겠습니다. 얼굴 주름 제거수술하는 데 어렵나요?

의사: 어렵지 않아요.

환자: 저는 어느 부위를 해야 할까요?

의사: 얼굴 표정주름, 예를 들면 눈가, 이마, 코 아래 팔자주름, 입가 등등.

환자: 수술은 얼마나 걸려요?

의사: 수술은 5~10분이 걸립니다. 수술 후 3~4시간 내에 주사 부위는 만지지 마세요. 자세한 부분은 코디네이터가 설명해 드릴 겁니다.

04 가족 병력

회화 1

의사: 어디가 불편하세요?

환자: 최근 자주 피곤하고 하루 종일 머리가 어지러워요.

의사: 이전에 어떤 병을 앓으셨어요?

환자: 어릴 때 폐렴에 걸린 적이 있어요.

의사: 병원에 입원하신 적이 있나요?

환자: 병원에 한 주 동안 입원했었어요.

의사: 먼저 혈액검사를 하겠습니다.

간호사: 저를 따라오세요.

회화 2

간호사: 당신이 직접 검사를 받으실 건가요?

환자가족: 아닙니다. 저의 어머니입니다.

간호사: 당신 어머니는 특별한 질병이 있었습니까?

환자가족: 없었습니다. 단지 고혈압이 약간 있습니다.

간호사: 가족 중 암을 앓은 적이 있습니까?

환자가족: 저의 외할아버지는 간암으로 돌아가셨고, 외할머니는 심장병으로 돌아가셨습니다.

간호사: 당신 어머니는 약물에 알레르기 반응이 있습니까?

환자가족: 없습니다.

05 건강 검진

회화 1

환자: 신체검사하러 왔어요.

간호사: 먼저 키와 몸무게를 재겠습니다. 키는 1미터 70, 몸무게 55킬로그램입니다.

간호사: 지금 혈압을 재겠습니다. 팔을 펴시고 말하지 마세요. (고혈압)120/(저혈압)80 정상입니다.

환자: 다음은 어떤 검사를 하나요?

간호사: 이쪽으로 오세요. 먼저 탈의실에서 옷을 갈아입으세요. 옷을 갈아입은 후에 엑스레이실 앞에서 잠시 기다리세요.

검사원: 들어오세요. 똑바로 서시고 움직이지 마세요. 깊이 호흡하시고, 호흡을 멈추세요. 다 됐습니다.

회화 2

간호사: 소변 검사를 하려고 합니다. 앞으로 가셔서 왼쪽으로 돌면 화장실이 있습니다. 이 컵으로 소변을 좀 받으세요.

환자: 얼마나 받을까요?

간호사: 3분의 1이면 됩니다.

환자: 어디에 놓을까요? 또 어떤 검사가 있나요?

간호사: 여기에 놓으세요. 지금 혈액 검사를 할 겁니다. 조금 아픕니다. 다 됐습니다. 솜으로 누르세요. 조금 있다가 다시 떼어내세요.

06 입원 수속

회화 1

환자: 안녕하세요. 입원 수속 하려고 왔어요.

직원: 이비인후과에 입원하는데 어떤 방을 원하시나요?

환자: 저는 가족과 함께 있고 싶어요. 너무 비싼 거 말고요.

직원: 그러면 2인 1실을 사용하세요. 당신의 병실은 708호실입니다.

간호사: 여기가 당신의 병상입니다. 특진 위탁 증서와 입원 협의서에 기입해 주세요.

환자: 수술 전에 기입할 것이 또 있나요?

간호사: 모레가 수술이라 수술 동의서에 서명해야 합니다.

회화 2

간호사: 내일 9시에 수술할 환자 왕청, 맞나요?

왕청: 맞습니다.

간호사: 귀중물품이 있으면 가족에게 맡기시거나 혹은 물품 상자 안에 보관하세요. 입원기간 아침 식사 시간은 7시에서 8시까지, 점심은 12시에

서 오후 1시까지, 저녁은 6시에서 7시까지입니다. 먼저 환자복으로 갈아입으시고, 몇 가지 검사를 더 해야 합니다.

왕청: 갈아입었습니다.

간호사: 2층으로 가셔서 먼저 엑스레이를 찍으시고, 다시 초음파검사를 하세요. 저녁 9시 이후에는 금식해야 하고, 아무것도 드실 수 없습니다.

07 내과 진료

회화 1

간호사: 체온을 재겠습니다. 고열이 나고, 39도입니다.

의사: 어디가 가장 아프신가요?

환자: 저는 온몸이 아주 심하게 아프고, 게다가 춥고 열이 나기도 합니다.

의사: 제가 좀 보겠습니다, 여기 누르면 아픈가요?

환자: 네. 아주 아픕니다.

의사: 편도선이 아주 심하게 부었네요.

환자: 또한 코가 막혀서 호흡할 수가 없어요.

의사: 감기가 심해서 우선 가래 없애는 것을 도와드리고, 다시 처방해 드리겠습니다.

회화 2

환자: 아마 어제 저녁 회식 때 잘못 먹었나 봐요. 배가 너무 아파요.

의사: 뭘 먹었습니까? 설사를 했나요?

환자: 해산물 종류의 요리를 먹었어요. 여러 번 설사를 해서 너무 피곤하고 기력이 조금도 없습니다.

의사: 아마 급성 위장염에 걸린 듯합니다. 주사 맞고, 약 먹으면 곧 좋아질 겁니다.

환자: 며칠간 약을 먹어야 하나요?

의사: 3일 동안 약을 먹어 보고 다시 봅시다.

간호사: 주사실로 가서 주사를 맞으세요.

08 성형외과 진료(1)

회화 1

환자: 안녕하세요! 제가 쌍꺼풀 수술을 할 수 있나요?

의사: 당신 왼쪽 눈이 오른쪽 눈보다 작아서 쌍꺼풀 수술을 할 수 있어요.

환자: 저는 절개법으로 하나요 아니면 매몰법으로 하나요?

의사: 연령과 눈 모양에 따라 결정합니다.

환자: 저는 어떤 수술이 적합한가요?

의사: 당신은 매몰법이 적합합니다.

환자: 수술이 어렵나요?

의사: 어렵지 않아요. 수술이 다 끝나면 당신 눈이 크고 둥글게 보일 겁니다.

회화 2

의사: 쌍꺼풀 수술하고 싶은 거 맞나요?

환자: 맞아요. 내 눈이 너무 작아서 좀 예뻐졌으면 합니다. 매몰법 수술이 간단해서 수술 시간이 짧다고 들었습니다.

의사: 맞습니다. 그러나 절개법보다 수술 후 쉽게 실밥이 터지는 단점이 있습니다.

환자: 어떤 수술을 해야 하는지 추천해 주세요.

의사: 부분 절개법입니다. 절개 부위가 작기 때문에 피가 적게 나오고, 수술 시간도 짧고, 또한 회복 시간이 빠릅니다. 수술 후 일주일이면 일할 수 있습니다.

09 성형외과 진료(2)

회화 1

의사: 코 높이는 수술을 하려고 하나요?

환자: 네. 내 콧등이 너무 낮아서 좀 높이고 싶어요. 코를 높이는 빠르고 간단한 수술이 있나요?

의사: 있어요. 코 높이는 데 가장 자주 사용하는 방법은 필러주사입니다. 시술은 비교적 간단하지만 효과가 지속되는 시간이 비교적 짧아요.

환자: 주사로 코를 높이는 효과는 얼마나 유지할 수 있나요?

의사: 한번 주사하면 6개월에서 1년간 유지할 수 있어요.

환자: 의사선생님, 수술은 얼마나 걸리나요?

의사: 아주 짧아요. 10분도 안 걸려요.

회화 2

환자: 코를 높이는 보형물 수술은 어떤 수술인가요?

의사: 충전물을 사용해서 콧등을 높게 메우는 겁니다.

환자: 어떤 재료를 사용해서 보형물을 만드나요?

의사: 여러 종류가 있는데 고어텍스와 실리콘겔 등을 자주 사용하고 있습니다. 그러나 실리콘겔은 비교적 싸고, 제작이 간단해서 요즘 가장 많이 사용하는 보형물입니다.

환자: 이러한 재료 외에 또 다른 것이 있나요?

의사: 있어요. 자가연골조직을 사용할 수 있습니다. 예를 들면 코중격연골 혹은 귀 연골 등 모두 코를 성형하는 데 좋은 재료입니다.

10 피부과 진료(1)

회화 1

환자: 얼굴에 빨갛게 부은 여드름이 많이 생겼는데 어떻게 해야 하나요?

의사: 올해 몇 살인가요? 언제부터 여드름이 생겼나요?

환자: 25세입니다. 고등학교부터 대학 1학년까지 생기지 않았는데, 최근 한 달 동안 너무 심해져서 등에도 생기고 또한 가렵습니다.

의사: 햇볕 알레르기가 있나요?

환자: 없는 거 같습니다.

의사: 제가 여드름 부위를 좀 검사해 보겠습니다.

회화 2

의사: 피부가 빨갛게 부었는데 아토피성 피부염은 아닙니다. 또한 사춘기에 생긴 여드름도 아니고, 성인 여드름에 속합니다. 이러한 현상은 음식, 생활환경, 일, 휴식과 관계가 있습니다.

환자: 맞아요. 최근 일 스트레스가 많습니다. 어떻게 치료해야 하나요?

의사: 청결을 유지하고, 여드름 없애는 크림을 바르세요. 흉터가 남지 않도록 손으로 얼굴을 짜지 말아야 합니다. 또한 기름지고 자극적인 음식도 피해야 합니다.

환자: 알겠습니다.

11 피부과 진료(2)

회화 1

환자: 얼굴 주름이 점점 더 많아져서 정말 괴롭습니다.

의사: 좀 보겠습니다. 눈가와 입가 모두 주름이 좀 있습니다.

환자: 맞습니다. 올해 25세지만 35세처럼 보입니다.

의사: 얼굴 전체가 늘어져서 생긴 문제입니다. 밖에서 자주 일하시나요?

환자: 그렇습니다. 저는 자주 햇볕을 쬐거나 바람을 맞습니다.

의사: 어쩐지 피부에 수분이 없어 건조하고 탄력성이 떨어져서 생긴 주름입니다.

회화 2

환자: 그러면 어떻게 해야 하지요? 수술을 안 해도 되는 치료법이 있나요?

의사: 있습니다. 보톡스를 맞으면 괜찮습니다.

환자: 보톡스는 얼굴을 작게 하는 주사입니까?

의사: 그렇습니다. 보톡스는 근육 운동을 억제해서 주름을 없애는 것으로, 가장 간단하고 가장 효과적인 방법입니다.

환자: 보톡스를 맞은 후에 정상적으로 출근할 수 있습니까?

의사: 당연히 가능합니다.

환자: 한번 수술하면 얼마나 유지할 수 있습니까?

의사: 6개월 정도 유지할 수 있습니다.

12 퇴원 수속

회화 1

의사: 오늘 컨디션이 어떻습니까?

환자: 조금 아픕니다, 저는 언제 퇴원할 수 있나요?

의사: 상처가 조금 부었는데, 붓기와 통증이 심하지 않으면 내일 퇴원할 수 있습니다.

환자: 아주 잘 됐네요. 그러면 출근할 수 있나요?

의사: 당연히 할 수 있고요. 단지 다음 사항을 주의해야 합니다. 예를 들면 햇볕을 쬐거나 눈을 비비거나 혹은 핸드폰을 보거나 등등. 그리고 휴식은 더 늘리고 심한 운동은 줄이세요.

회화 2

간호사: 오늘 의사선생님이 퇴원하셔도 된다고 하셨어요. 이 명세서를 가지고 비용을 지불하세요.

가족: 선생님, 우리는 퇴원 수속을 하려고 합니다.

직원: 좋습니다. 이것은 당신의 계산서이며 이백칠십만 원입니다. 어떻게 지불하시겠습니까?

가족: 뭐라고요! 이렇게 많아요. 3개월 할부로 지불할게요.

직원: 또 어떤 자료가 필요하십니까?

가족: 계산서 외에 저는 의사 진단서도 필요합니다.

직원: 알겠습니다. 몇 부 필요하세요?

가족: 2부요.

연습문제 답안

01

2. 1) 상담 좀 하려고요.
   2) 예약해 드릴게요.
   3) 성명을 기입해 주세요.
   4) 제가 소개하겠습니다.
3. 1) 你好!
   2) 明天见!
   3) 不客气。
   4) 今天预约都满了, 不能见医生。
4. 1) 最近我脸上长了很多的痘痘。
   2) 星期三上午十点怎么样?
   3) 来的时候请不要化妆。
   4) 您是第一次来这所医院吗?
   5) 今天预约都满了, 明天上午十一点来吧。

02

2. 1) Rènshi nín hěn gāoxìng.
   2) Qǐng shàng èr lóu jiù zài qiánmiàn.
   3) Wǒ jiào Xú Měilín, shì zhèli de zīxún zhǔrèn.

4) Wǒ lái jièshao yíxià. Zhèr shì zhěngxíng wàikē zhōngxīn.

3. 1) 你好!
   2) 请上二楼就在前面。
   3) 我姓金, 叫何恩。
   4) 是, 有一点歪。
4. 1) 欢迎欢迎, 一路辛苦了。
   2) 您是为了鼻子手术来的吗?
   3) 那边有皮肤科、牙科和眼科。
   4) 请上二楼就在前面。

03

2. 1) 需要, 저는 어느 부위를 해야 할까요?
   2) 该, 그러면 저는 어떤 치료를 해야 하나요?
   3) 想, 저는 주름 제거수술을 하고 싶어요.
   4) 需要, 수술은 얼마나 걸려요?
3. 1) 您今年多大?
   2) 我需要做哪个部位?
   3) 您做什么工作?
   4) 手术需要很长时间吗?
4. 1) 详细部分请协调员为你说明。
   2) 因压力大, 造成脸部皱纹的增多。
   3) 手术后3-4个小时内不要触摸注射部位。
   4) 可以用肉毒素来治疗您的皱纹。

04

2. 1) 要接受检查吗?
   2) 只是有一点高血压。
   3) 住院住过一个星期。
   4) 外婆是心脏病过世的。
3. 1) 最近常觉得很疲倦、整天头晕。
   2) 没有。
   3) 小时候得过肺炎。
   4) 没有。只是有一点高血压。
4. 1) 住院住过一个星期。
   2) 家族中有没有得癌的?
   3) 先给您做一个血液检查吧。
   4) 最近常觉得很疲倦，整天头晕。

05

2. 1) Wǒ shì lái tǐjiǎn de.
   2) Xiān dào gèngyīshì huàn yīfu.
   3) Shēn hūxī, tíngzhǐ hūxī.
   4) Xiànzài zuò chōu xuè jiǎnchá.
3. 1) 现在做抽血检查。
   2) 1米70。
   3) 55公斤。
   4) 120 / 80 正常。
4. 1) 请伸出胳膊，不要说话。

2) 深呼吸, 停止呼吸。

3) 您往前走左拐就是洗手间。

4) 换好衣服后到X光室前面, 稍等一下。

06

2. 1) 要, Nín yào zài ěrbíhóukē zhùyuàn.

   2) 手续, Wǒ shì lái bàn zhùyuàn shǒuxù de.

   3) 填, Qǐng nín tián xiě tèzhěn wěituōshū.

   4) 要, Hái yào zài shǒushù tóngyìshū shang qiānmíng.

3. 1) 我想跟家人住在一起, 但不要太贵的。

   2) 还要在手术同意书上签名。

   3) 还要做一个检查。

   4) 要禁食, 不能吃东西。

4. 1) 您的病房是708室。

   2) 请到二楼先照个X光。

   3) 住院期间用餐时间是早餐七到八点。

   4) 有贵重物品请交给家属保管或者保管在物品箱里。

07

2. 1) 得, Nín biǎntáoxiàn zhǒng de hěn dà.

   2) 了, Chī le hǎixiān zhī lèi de cài.

   3) 呼吸, Hái yǒu wǒ bí sāi bù néng hūxī.

   4) 得, Wǒ quánshēn téng de hěn lìhai.

3. 1) 我全身疼得很厉害。
   2) 拉了很多次。
   3) 吃了海鲜之类的菜。
   4) 对。很疼。
4. 1) 量一下体温，发高烧。
   2) 可能得了急性胃肠炎。
   3) 拉了很多次，累得一点力气也没有了。
   4) 是重感冒，我帮您先抽痰。

08

2. 1) Zuǒyǎn bǐ yòuyǎn xiǎo.
   2) Nǐ de yǎnjing huì kàn qǐlái yòu dà yòu yuán de.
   3) Ràng zìjǐ yǎnjing biàn de piàoliang diǎn.
   4) Shǒushù shíjiān yě duǎn, érqiě huīfù shíjiān kuài.
3. 1) 不难。
   2) 能做双眼皮手术。
   3) 部分切开法。
   4) 您适合做埋线法。
4. 1) 手术后一个星期就可以工作。
   2) 您适合用埋线法。
   3) 你的眼睛会看起来又大又圆的。
   4) 比切开法手术后容易开线。

09

2. 1) 又, 코를 높이는 빠르고 간단한 수술이 있나요?
   2) 隆鼻, 코를 높이는 가장 자주 사용하는 방법은 필러주사입니다.
   3) 比较, 시술은 비교적 간단하지만, 효과가 지속되는 시간이 비교적 짧아요.
   4) 比较, 실리콘겔은 비교적 싸고, 제작이 간단해서 요즘 가장 많이 사용하는 보형물입니다.
3. 1) 您是想做隆鼻手术吗?
   2) 用什么材料做假体?
   3) 注射隆鼻效果可以保持多长时间?
   4) 除了这些材料之外, 还有其他的吗?
4. 1) 您是想做隆鼻手术吗?
   2) 自体软骨组织是整形鼻子的好材料。
   3) 用一种填充物来垫高鼻梁。
   4) 操作比较简单, 但是维持效果时间比较短。

10

2. 1) Zuìjìn yí ge yuè zhǎng de hěn lìhai, lián bèi shàng yě zhǎng.
   2) Wǒ jiǎnchá yíxià, kànkan cuóchuāng bùwèi.
   3) Bù kě yòng shǒu jǐ liǎn, yǐmiǎn liúxià bāhén.
   4) Hái yǒu yào bìmiǎn yóunì hé cìjīxìng shíwù.
3. 1) 让我检查一下, 看看痤疮部位。
   2) 最近一个月长得很厉害。
   3) 好像没有。
   4) 要保持清洁, 涂抹除痘面霜。

4. 1) 我脸上长了很多红肿的青春痘。
   2) 不可用手挤脸，以免留下疤痕。
   3) 这种跟饮食、生活环境、作息有关。
   4) 不是青春期长的青春痘，是属于"成人痘"。

11

2. 1) Zhěngge miànbù sōngchí cái huì zhèyàng.
   2) Wǒ cháng shài tàiyang, cháng chuīfēng.
   3) Ròudúsù jiù shì shòuliǎnzhēn ma?
   4) Dǎ ròudúsù yǐhòu, kěyǐ zhèngcháng shàng bān ma?
3. 1) 是的。我常晒太阳，常吹风。
   2) 有，打肉毒素就可以了。
   3) 是的。肉毒素是抑制肌肉的运动而消除皱纹。
   4) 可以维持6个月左右。
4. 1) 我脸上的皱纹越来越多实在很苦恼。
   2) 您眼角和嘴角都有些皱纹。
   3) 皮肤失去水分，产生干燥，弹性下降。
   4) 肉毒素是抑制肌肉的运动而消除皱纹。

12

2. 1) 只是，Zhǐshì yào zhùyì yìxiē shìxiàng.
   2) 交费，Qǐng nín ná zhè ge dānzi qù jiāo fèi.
   3) 一点，Shāngkǒu yǒu diǎn zhǒng, hái yǒu yìdiǎn tòng.
   4) 要是，Yàoshi méiyǒu tài dà de zhǒng tòng, míngtiān jiù kěyǐ chūyuàn le.

3. 1) 还有一点痛。
   2) 除了帐单以外, 我还需要医生的诊断书。
   3) 明天就可以出院了。
   4) 分三个月付。
4. 1) 今天医生说您可以出院了。
   2) 除了帐单以外, 我还需要医生的诊断书。
   3) 要多休息, 少做剧烈运动。
   4) 比如晒太阳、揉眼睛什么的。

부록

■ 의료 관련 기본응대 중국어표현

您好! Nín hǎo!	안녕하세요!
我是○○○护士。 Wǒ shì ○○○ hùshi.	저는 ○○○ 간호사입니다.
我能帮助您吗? Wǒ néng bāngzhù nín ma?	도와드릴까요?
我能为您做点什么吗? Wǒ néng wèi nín zuò diǎn shénme ma?	당신을 위해 무엇을 좀 해드릴 수 있을까요?
您是第一次来我们医院吗? Nín shì dìyī cì lái wǒmen yīyuàn ma?	당신은 우리 병원에 처음 오셨습니까?
请问您预约过了吗? Qǐngwèn nín yùyuē guo le ma?	예약하셨습니까?
门诊时间是几点到几点? Ménzhěn shíjiān shì jǐ diǎn dào jǐ diǎn?	진료시간은 몇 시부터 몇 시까지입니까?

挂号当天能接受治疗。 접수 당일 치료를 받을 수 있습니다.
Guàhào dāngtiān néng jiēshòu zhìliáo.

初诊需要预约吗? 초진은 예약해야 합니까?
Chūzhěn xūyào yùyuē ma?

没有预约也可以进行诊疗。 예약하지 않아도 진료를 받을 수 있습니다.
Méiyǒu yùyuē yě kěyǐ jìnxíng zhěnliáo.

预约可以取消或更改。 예약은 취소 혹은 변경할 수 있습니다.
Yùyuē kěyǐ qǔxiāo huò gēng gǎi.

谢谢您, 请等一会儿。 감사합니다, 조금만 기다려주세요.
Xièxie nín, qǐng děng yíhuìr.

请填一下这张挂号表。 이 접수표를 작성해 주세요.
Qǐng tián yíxià zhè zhāng guàhàobiǎo.

挂号表是韩文的, 我来帮您。 접수표는 한국어로 되어 있어요, 도와드릴게요.
Guàhàobiǎo shì Hánwén de, wǒ lái bāng nín.

请说一下您的姓名。 성함을 말씀해 주세요.
Qǐng shuō yíxià nín de xìngmíng.

请填写一下您的手机号码和地址。 당신의 핸드폰 번호와 주소를 작성해 주세요.
Qǐng tián xiě yíxià nín de shǒujī hàomǎ hé dìzhǐ.

请问您有医疗保险吗? 실례지만 당신은 의료보험이 있습니까?
Qǐngwèn nín yǒu yīliáobǎoxiǎn ma?

请跟我来，我带您去内科。 이쪽으로 오세요, 제가 내과로 안내하지요.
Qǐng gēn wǒ lái, wǒ dài nín qù nèikē.

今天您身体感觉如何? 오늘 몸 컨디션이 어떤가요?
Jīntiān nín shēntǐ gǎnjué rúhé?

请告诉我您哪里不舒服。 어디가 불편한지 알려주세요.
Qǐng gàosu wǒ nín nǎli bù shūfu?

疼痛可以忍受吗? 통증을 참으실 수 있으신가요?
Téngtòng kěyǐ rěnshòu ma?

您什么时候犯病的? 언제부터 아프셨나요?
Nín shénme shíhou fànbìng de?

您病了多长时间? 얼마 동안 병을 앓았습니까?
Nín bìng le duō cháng shíjiān?

您以前曾经有过什么病吗? 이전에 어떤 병을 앓은 적이 있나요?
Nín yǐqián céngjīng yǒu guo shénme bìng ma?

您嗓子疼吗? 목이 아픈가요?
Nín sǎngzi téng ma?

从什么时候开始发热的? 언제부터 열이 나기 시작했나요?
Cóng shénme shíhou kāishǐ fā rè de?

最近您咳嗽有痰吗? 최근 기침에 가래가 있습니까?
Zuìjìn nín késou yǒu tán ma?

您夜间睡眠如何?　　밤에 수면이 어떤가요?
Nín yèjiān shuìmián rúhé?

我要量一下您的体温。　　당신의 체온을 좀 재겠습니다.
Wǒ yào liáng yíxià nín de tǐwēn.

让我给您量量血压。　　혈압을 재드리겠습니다.
Ràng wǒ gěi nín liángliang xuèyā.

如果您需要护士就按按钮。　　만약 간호사가 필요하면 버튼을 누르세요.
Rúguǒ nín xūyào hùshi jiù àn ànniǔ.

护士晚上也来查看病人。　　간호사가 저녁에도 환자를 살펴보러 옵니다.
Hùshi wǎnshang yě lái chá kàn bìngrén.

■ 한어병음자모 배합표

	a	o	e	i	-i	u	ü	ai	ei	ao	ou	an	en	ang	eng	ong	ia	iao	ie
b	ba	bo		bi		bu		bai	bei	bao		ban	ben	bang	beng			biao	bie
p	pa	po		pi		pu		pai	pei	pao	pou	pan	pen	pang	peng			piao	pie
m	ma	mo	me	mi		mu		mai	mei	mao	mou	man	men	mang	meng			miao	mie
f	fa	fo				fu			fei		fou	fan	fen	fang	feng				
d	da		de	di		du		dai	dei	dao	dou	dan	den	dang	deng	dong		diao	die
t	ta		te	ti		tu		tai		tao	tou	tan		tang	teng	tong		tiao	tie
n	na		ne	ni		nu	nü	nai	nei	nao	nou	nan	nen	nang	neng	nong		niao	nie
l	la	lo	le	li		lu	lü	lai	lei	lao	lou	lan		lang	leng	long	lia	liao	lie
g	ga		ge			gu		gai	gei	gao	gou	gan	gen	gang	geng	gong			
k	ka		ke			ku		kai	kei	kao	kou	kan	ken	kang	keng	kong			
h	ha		he			hu		hai	hei	hao	hou	han	hen	hang	heng	hong			
j				ji			ju										jia	jiao	jie
q				qi			qu										qia	qiao	qie
x				xi			xu										xia	xiao	xie
z	za		ze		zi	zu		zai	zei	zao	zou	zan	zen	zang	zeng	zong			
c	ca		ce		ci	cu		cai		cao	cou	can	cen	cang	ceng	cong			
s	sa		se		si	su		sai		sao	sou	san	sen	sang	seng	song			
zh	zha		zhe		zhi	zhu		zhai	zhei	zhao	zhou	zhan	zhen	zhang	zheng	zhong			
ch	cha		che		chi	chu		chai		chao	chou	chan	chen	chang	cheng	chong			
sh	sha		she		shi	shu		shai	shei	shao	shou	shan	shen	shang	sheng				
r			re		ri	ru				rao	rou	ran	ren	rang	reng	rong			
Ø	a	o	e	yi		wu	yu	ai		ao	ou	an	en	ang	eng		ya	yao	ye

iou	ian	in	iang	ing	iong	ua	uo	uai	uei	uan	uen	uang	ueng	üe	üan	ün	er
	bian	bin		bing													
	pian	pin		ping													
miu	mian	min		ming													
diu	dian			ding			duo		dui	duan	dun						
	tian			ting			tuo		tui	tuan	tun						
niu	nian	nin	niang	ning			nuo			nuan				nüe			
liu	lian	lin	liang	ling			luo			luan	lun			lüe			
						gua	guo	guai	gui	guan	gun	guang					
						kua	kuo	kuai	kui	kuan	kun	kuang					
						hua	huo	huai	hui	huan	hun	huang					
jiu	jian	jin	jiang	jing	jiong									jue	juan	jun	
qiu	qian	qin	qiang	qing	qiong									que	quan	qun	
xiu	xian	xin	xiang	xing	xiong									xue	xuan	xun	
							zuo		zui	zuan	zun						
							cuo		cui	cuan	cun						
							suo		sui	suan	sun						
						zhua	zhuo	zhuai	zhui	zhuan	zhun	zhuang					
						chua	chuo	chuai	chui	chuan	chun	chuang					
						shua	shuo	shuai	shui	shuan	shun	shuang					
						rua	ruo		rui	ruan	run						
you	yan	yin	yang	ying	yong	wa	wo	wai	wei	wan	wen	wang	weng	yue	yuan	yun	er

■ 의료관광 관련 정부 공공기관 및 연락처

기관명	연락처	사이트
문화체육관광부	044-203-2000	http://www.mcst.go.kr
보건복지부	044-202-2118	http://www.mohw.go.kr
한국관광공사	033-738-3000	http://www.visitkorea.or.kr
한국보건산업진흥원	043-713-8000~5	http://www.khidi.or.kr
한국보건복지인력개발원	043-710-9000	http://www.kohi.or.kr
한국보건복지인력개발원 보건산업교육본부	02-3299-1400	http://www.hie.kohi.or.kr
법무부	02-2650-6399	http://www.moj.go.kr
한국의료분쟁조정중재원	1670-2545	http://www.k-medi.or.kr

저자 소개

■ 홍은희(洪恩姬)

現 동남보건대학교 관광중국어과 교수

한국보건복지인력개발원 보건산업교육본부 의료통역능력 검정시험 출제위원

中國 復旦大學校 중국문학 박사

고려대, 덕성대, 원광대, 동남보건대 외 다수 강사 역임

〈著書〉 의료관광 기초중국어(백산출판사, 2014)

의료관광 실무 중국어회화(백산출판사, 2015)

■ 장숙분(張淑芬)

現 백석예술대학교, 동남보건대학교 외래교수

한국외국어대학교 교육대학원 중국어교육전공 석사

경희대, 서강대, 동남보건대 외 다수 강사 역임

Dwight International School Seoul 중국어교사 역임

한국보건복지인력개발원 보건산업교육본부 국제의료통역교육 수료

〈著書〉 주니어중국어 첫걸음(국제어학연구소, 2006)

독학 중국어회화 첫걸음(국제어학연구소, 2007)

의료관광 기초중국어(백산출판사, 2014)

의료관광 실무 중국어회화(백산출판사, 2015)

저자와의
합의하에
인지첩부
생략

의료관광서비스 기초 중국어회화

2018년 12월 10일 초판 1쇄 인쇄
2018년 12월 15일 초판 1쇄 발행

지은이 홍은희 · 장숙분
펴낸이 진욱상
펴낸곳 (주)백산출판사
교 정 편집부
본문디자인 오행복
표지디자인 오정은

등 록 2017년 5월 29일 제406-2017-000058호
주 소 경기도 파주시 회동길 370(백산빌딩 3층)
전 화 02-914-1621(代)
팩 스 031-955-9911
이메일 edit@ibaeksan.kr
홈페이지 www.ibaeksan.kr

ISBN 979-11-88892-97-6 93720
값 15,000원